DE L'ÉTAT ACTUEL DE LA LÉGISLATION ÉTRANGÈRE

RELATIVE

A LA RÉGLEMENTATION DU TRAVAIL

DES ADULTES, DES FEMMES ET DES ENFANTS

PAR

MAURICE BELLOM

INGÉNIEUR AU CORPS DES MINES

Extrait du *Bulletin du Comité permanent du Congrès des Accidents du travail*

PARIS

SECRÉTARIAT GÉNÉRAL DU COMITÉ

37, Boulevard Magenta, 37

COMITÉ PERMANENT INTERNATIONAL
DU CONGRÈS DES ACCIDENTS DU TRAVAIL

Président :

M. **Linder**, Inspecteur général des Mines, Vice-président du Conseil général des Mines, etc.

Vice-Présidents :

M. **Darcy**, Président de la Société de Châtillon et Commentry et du Comité central des Houillères.

M. **Ricard**, Député.

Secrétaire Général :

M. E. **Gruner**, Ingénieur civil des Mines.

Secrétaire adjoint :

M. Maurice **Bellom**, Ingénieur au Corps des Mines.

Présidents d'honneur :

France. — M. **Engel-Gros**, Président de l'Association de Mulhouse pour prévenir les accidents.
M. Léon **Say**, Député, membre de l'Institut et de l'Académie française.
M. Jules **Simon**, Sénateur, de l'Académie française, Secrétaire perpétuel de l'Académie des Sciences morales et politiques.

Autriche. — M. **Schüler**, de la Chambre des Seigneurs.

Belgique. — M. **Sainctelette**, ancien Ministre, Député.

Espagne. — M. Segismundo **Moret**, ancien Ministre.

Italie. — M. L. **Luzzatti**, Député, Professeur à l'Université de Padoue.

Norvège. — M. **Bœtzmann**, Commissaire général de Norvège.

Suisse. — M. Numa **Droz**, Conseiller fédéral, Chef du département fédéral des Affaires étrangères.

MEMBRES FRANÇAIS.

MM. **Aclocque**, Président de l'Association de l'Industrie française.

Aynard, Député, ancien Président de la Société d'Economie politique et sociale de Lyon et de la section d'Economie sociale du Comité départemental du Rhône.

Bertrand, Président du Conseil d'administration des Chambres syndicales de l'Industrie et du Bâtiment, rue de Lutèce.

Béziat d'Audibert, actuaire.

Cheysson, Inspecteur général des Ponts-et-Chaussées, Président de la Société d'Economie sociale.

Cornut, Ingénieur en chef de l'Association des Propriétaires d'Appareils à vapeur de Lille.

de Cœne, Président de l'Association pour prévenir les accidents de fabrique, à Rouen.

Fernand **Daguin**, Secrétaire général de la Société de Législation comparée.

Léon **Faucher**, Ingénieur en chef des Poudres et Salpêtres, à Lille.

de Haut, membre de la Société nationale d'Agriculture et de la Société des Agriculteurs de France.

F. **Dujardin-Beaumetz**, Secrétaire du Comité central des Houillères de France.

Fuzier-Herman, ancien Magistrat, Directeur du Recueil Sirey.

Griolet, Vice-Président du Conseil d'administration de la Compagnie des Chemins de fer du Nord.

Claudio **Jannet**, Professeur d'Economie politique à la Faculté libre de Droit, ancien Président de la Société d'Economie sociale.

Octave **Keller**, Ingénieur en chef des Mines, Président de la Société de Statistique de Paris.

(Voir la suite page 3 de la couverture.)

DE L'ÉTAT ACTUEL DE LA LÉGISLATION ÉTRANGÈRE

RELATIVE

A LA RÉGLEMENTATION DU TRAVAIL

DES ADULTES, DES FEMMES ET DES ENFANTS

PAR

MAURICE BELLOM

INGÉNIEUR AU CORPS DES MINES

Extrait du *Bulletin du Comité permanent du Congrès des Accidents du travail*

PARIS

SECRÉTARIAT GÉNÉRAL DU COMITÉ

37, Boulevard Magenta, 37

IMPRIMERIE
CONTANT-LAGUERRE
BAR-LE-DUC

DE L'ÉTAT ACTUEL DE LA LÉGISLATION ÉTRANGÈRE

RELATIVE

A LA RÈGLEMENTATION DU TRAVAIL DES ADULTES,

DES FEMMES ET DES ENFANTS

Depuis que le Congrès des Accidents du travail, tenu à Paris en septembre 1889, a terminé ses travaux, l'état de la législation étrangère en matière de réglementation du travail s'est sensiblement modifié. Plusieurs nations ont cherché à combler les lacunes que leur législation présentait à cet égard : tantôt, comme en Belgique, en Russie et en Hollande, on s'est borné à réglementer le travail des femmes et des enfants, tantôt, comme en Suède et en Allemagne, on a formulé ou proposé des mesures protectrices en faveur de toutes les catégories d'ouvriers.

La présente note a pour objet de donner un exposé sommaire de ces travaux législatifs dont les uns ont abouti à des lois déjà promulguées, tandis que les autres sont encore à l'état de projets en discussion. Les dispositions, dont l'étude approfondie a été faite pendant la durée du Congrès, ne seront rappelées que pour mémoire, en vue de permettre une comparaison générale entre les diverses législations.

Ce travail comprendra trois parties : la première sera consacrée à l'étude de la réglementation du travail des ouvriers en général; la seconde, à l'exposé des mesures législatives spéciales aux femmes et aux enfants; la troisième, à une comparaison entre les dispositions adoptées ou projetées par les différents peuples.

PREMIÈRE PARTIE.

RÉGLEMENTATION DU TRAVAIL DES OUVRIERS EN GÉNÉRAL.

1° Allemagne.

La loi industrielle actuellement en vigueur en Allemagne est la *Gewerbe Ordnung*, dont le texte, définitivement rédigé le 1er juillet 1883, constitue un véritable Code en 155 articles. Le Gouvernement Impérial l'a toutefois considérée comme incomplète sur plusieurs points, et le chancelier, M. de Caprivi, a déposé au Reichstag, le 6 mai 1890, un projet de loi ayant pour objet de modifier et de préciser la législation relative aux questions suivantes :

Conditions du travail des ouvriers en général.

Repos du dimanche.

Mesures préventives.

Travail des femmes et des enfants.

Le titre VII de la Gewerbe Ordnung a été, par suite, complètement refondu et rédigé à nouveau; il constitue sous sa nouvelle forme la première partie du projet; la deuxième partie du projet prescrit le renvoi à des tribunaux arbitraux[1] de toutes les contestations entre patrons et ouvriers, la troisième apporte au titre VI des modifications de rédaction résultant de celles du titre VII, la quatrième étend et précise les pénalités du titre X, la cinquième énumère les établissements auxquels s'applique la réglementation du travail des femmes et des enfants, la sixième détermine l'autorité chargée de la surveillance des établissements appartenant à l'État, enfin la septième traite des dispositions transitoires. Sans adopter l'ordre suivi dans le projet, et renvoyant à la deuxième partie de cette note l'étude des prescriptions relatives aux femmes et aux enfants, je passerai successivement en revue les dispositions qui règlent les conditions du travail et celles qui définissent les mesures d'hygiène et de sécurité des établissements industriels.

Conditions du travail. I. La loi actuellement en vigueur se contente de poser, dans ses articles 121 à 125, les principes qui régissent la résolution du contrat de louage conclu entre le patron et l'ouvrier. Le projet de loi, au contraire, impose à tout chef d'établissement l'obligation de rédiger, dans les quatre semaines de la promulgation de la loi[2], un « Ordre de travail » (*Arbeitsordnung*) (art. 134 *a*, § 1). Cet Ordre de travail contiendra (art. 134 *b*, § 1) :

1° Les dispositions relatives à la durée du travail (heures auxquelles la journée de travail devra normalement commencer et finir, et repos accordé aux adultes).

[1] Ces tribunaux arbitraux n'existent pas encore; un projet de loi, également daté du 6 mai, a été présenté par le Gouvernement impérial au Reichstag pour les instituer.

[2] Ou bien, pour les établissements n'existant pas à l'époque de la promulgation, dans les quatre semaines qui en suivent l'ouverture.

[illegible]

[illegible] que la défense [illegible] patron [illegible]

[illegible] rement et l'emploi auquel elles sont destinées.

[illegible] L'auteur de l'Exposé des motifs attend un double [illegible] l'institution de ce « Ordre de travail », dont les grands établissements industriels ont déjà fait l'expérience avec un réel [illegible]. D'une part, en définissant, une fois pour toutes, les conditions que le patron impose aux ouvriers qui cherchent du travail, il facilitera la conclusion du contrat de louage et diminuera par la suite le [illegible] re des chômages. D'autre part, il contiendra les prescriptions [illegible] nature à assurer l'organisation technique et économique [illegible] blissement, et il les sanctionnera par des pénalités [illegible] vrier donnera son adhésion en entrant au service. Ce qui [illegible] l'intervention du législateur dans la rédaction de [illegible] vail », c'est la ferme conviction que les [illegible] pourra, entre patrons et ouvriers [illegible]

[illegible]

[illegible] pour raison [illegible] paragraphe 2 de l'article 134 [illegible] des peines [illegible] l'honneur ou aux bonnes mœurs [illegible] amendes supérieures au double du salaire [illegible] employé et le produit au profit des intérêts de l'ouvrier [illegible] du prix des amendes et [illegible] un objet qui [illegible] que le patron, au moment [illegible] souvent [illegible] revendications et, d'ailleurs [illegible] procédé, c'est qu'[illegible]

[illegible] loi allemande d'assurance obligatoire [illegible] maladie [illegible] Président du [illegible] tondue.

à l'ouvrier coupable, mais encore à obtenir une réparation pécuniaire du dommage qu'ils ont subi. Aussi le paragraphe 2 de l'article 134 *b* formule-t-il expressément le maintien des droits du patron à l'indemnité qui lui est due. On évitera ainsi toute confusion entre la pénalité et la réparation, sans préjudice ni de l'une ni de l'autre.

Le même article, dans son paragraphe 3, autorise le patron à introduire dans l'Ordre de travail, à la suite des clauses *obligatoires* énumérées ci-dessus, d'autres dispositions *facultatives* au sujet de l'organisation du travail et de la conduite des ouvriers adultes à l'intérieur de l'établissement. C'est seulement à l'égard de ceux qui n'ont pas encore atteint leur majorité que des prescriptions, visant la conduite à l'extérieur de l'établissement, peuvent être insérées dans l'Ordre de travail : telle est en particulier l'interdiction, prévue au paragraphe 4 de l'article 134 *b*, de verser directement entre les mains du mineur le montant de son salaire et de lui donner un congé, sans autorisation écrite de ses parents ou tuteurs.

Après avoir défini la teneur de l'Ordre de travail, le projet de loi en détermine le mode de rédaction, de publication et d'exécution. Le principe dont dérivent ces dispositions est exprimé dans l'article 134 *c*, paragraphe 1 : « Les clauses de l'Ordre de travail lient le patron et l'ouvrier. » Il en résulte que non seulement les motifs de départ ou de renvoi de l'ouvrier, et les pénalités dont il peut être frappé, ne devront pas différer de celles que cet Ordre aura prévues (art. 134 *c*, § 2), mais encore que les ouvriers présents à l'époque de la rédaction de ce contrat, devront être appelés à formuler leur opinion sur les dispositions qu'il contiendra (art. 134 *d*, § 1)[1].

L'Ordre de travail sera publié (art. 134 *a*, § 1), par voie d'affiches accessibles à tout ouvrier (art. 134 *c*, § 2). Il portera la signature de celui qui le promulgue, la date de la promulgation et celle de l'entrée en vigueur : ces deux dates doivent être séparées par un intervalle minimum de deux semaines (art. 134 *a*, §§ 2 et 4).

Communication de l'Ordre de travail doit être adressée en double expédition à l'autorité locale dans les trois jours de la promulgation ; le texte doit être accompagné d'une attestation certifiant que les ouvriers ont été consultés sur la rédaction définitivement

[1] Dans les établissements où les ouvriers sont représentés auprès du patron par une commission permanente, il suffira (art. 134 *d*, § 2) que cette commission soit consultée. L'Exposé des motifs cite en particulier les comités directeurs des caisses de maladie comme capables de remplir cette mission.

[illegible] d'un Ordre nouveau [illegible]

[illegible] dont le projet de loi [illegible]

[illegible] n'ont pas été seulement [illegible]

[illegible]

[illegible] commercial [illegible] le nombre d'heures de travail [illegible].

Les exceptions [illegible] de deux sortes : les unes sont limitativement indiquées par la législature, les autres laissées à la décision du Conseil fédéral.

Les premières (art. 105 c, § 1), comprennent :

1° Les travaux de sécurité et d'intérêt public ;

2° Les travaux de nettoyage et d'entretien, et ceux qui, sans pouvoir être exécutés pendant la semaine, sont indispensables à la reprise générale du travail ;

3° Les travaux destinés à éviter la détérioration de matières premières ou de produits finis ;

4° Les hôtelleries, débits de boisson et industries de transport.

Les secondes (art. 105 d, § 1), comprennent :

1° Les travaux qui ne comportent aucune interruption (usines à feu continu) ;

2° Les travaux qui sont limités à certaines saisons (travaux agricoles) ;

3° Les travaux dont l'activité atteint à certaines époques de l'année un développement exceptionnel (industries de saison).

En raison des modifications incessantes de l'outillage et des procédés, le législateur ne saurait définir les exceptions de la deuxième catégorie avec la même précision que celles de la première. Le Conseil fédéral est d'ailleurs seul capable de s'élever au-dessus des considérations de concurrence locale dont les autorités provinciales n'auraient que trop de tendance à s'inspirer. Dans le cas où ce danger n'est pas à redouter, le projet s'en remet du soin d'accorder les dispenses, au pouvoir local qui, plus voisin des lieux, statue en parfaite connaissance de cause. C'est ainsi que l'article 105 e confère ce droit aux autorités administratives inférieures dans les deux cas suivants, lorsqu'il s'agit :

1° Soit d'industries dont l'exercice total ou partiel est journellement utile le dimanche à la population locale ([illegible], usines à gaz, établissements d'eaux minérales, coiffeurs, bouchers, boulangers, débits de tabac, magasins de fleurs) ;

2° Soit d'industries qui empruntent exclusivement au vent ou à l'eau la force motrice dont elles ont besoin.

De même l'article 105 f permet aux autorités administratives inférieures de tolérer le travail du dimanche lorsqu'il s'agit de prévenir un dommage très considérable. Ces autorités doivent d'ailleurs (art. 105 *f*, § 2) délivrer la permission par écrit, et l'entrepreneur qui en bénéficie doit la présenter à l'inspecteur compétent. Les dérogations seront inscrites sur un état portant la désignation de l'établissement, du travail autorisé, du nombre d'ouvriers normalement occupés, du nombre de ceux qui ont été employés à ce travail, du motif et de la durée de l'autorisation (art. 105 *f*, § 3). Le pouvoir local ne devant accorder de dérogation que dans des cas de force majeure, il est impossible de déterminer la durée maxima de travail qu'il aura le droit de tolérer. C'est ce qui explique pourquoi il n'est pas soumis aux dispositions de l'article 105 *c*, paragraphe 3, qui, dans le cas de tolérances concédées par la loi, par le Conseil fédéral ou par les autorités administratives supérieures, oblige le chef de l'entreprise à accorder à chaque ouvrier soit vingt-quatre heures de liberté sur trois dimanches, soit douze heures (de 6 heures du matin à 6 heures du soir) sur deux dimanches.

De plus, dans les trois premiers cas d'exception autorisés par la loi, les chefs d'industrie doivent dresser un état contenant pour chaque dimanche le nombre d'ouvriers employés, la nature et la durée de leur travail : cet état doit être présenté à toute réquisition de la police locale ou des inspecteurs de fabriques.

Mesures préventives. — La loi industrielle actuellement en vigueur ne vise les mesures préventives que dans deux de ses articles (art. 120, § 1 et 3; art. 139 *a*, § 1). Le § 1 de l'article 120 a pour objet la protection de la santé et des bonnes mœurs dans les ateliers où travaillent les jeunes gens âgés de moins de 18 ans; le § 1 de l'article 139 *a* autorise le Conseil fédéral à interdire aux femmes le travail dans certaines industries. Seul, le § 3 de l'article 120 s'applique indistinctement à tous les ouvriers. Ce texte se contente d'inviter les chefs d'industrie à « installer et à entretenir les dispositifs que les conditions particulières de l'industrie ou de l'établissement de chacun d'eux rendent indispensables à la sécurité et à la santé de leurs ouvriers »; cette invitation ne s'adresse d'ailleurs qu'aux patrons pour lesquels le Conseil fédéral ou les autorités locales compétentes n'ont pas formulé de prescriptions spéciales.

Pour combler cette lacune, le projet de loi substitue à ce paragraphe unique de l'article 120 les cinq articles 120 *a*, 120 *b*, 120 *c*, 120 *d*, 120 *e*. Comme le fait observer l'auteur de l'Exposé des motifs, la rédaction de l'article 120 est à la fois trop restrictive et trop générale : d'une part, en effet, elle n'impose les mesures protectrices qu'aux industries ou aux usines que leurs « conditions particulières » rendent spécialement dangereuses, et, d'autre part, elle n'indique ni aux patrons visés par cet article ni aux autorités chargées d'en assurer l'application, la nature et l'étendue des devoirs qui leur incombent. L'article 120 *a* du projet de loi remédie à ce double inconvénient.

Art. 120 *a*. — Les chefs d'industrie doivent installer et entretenir les ateliers, les appareils, les machines et les outils, et organiser le travail, de manière à protéger contre tout danger la santé et la vie des ouvriers, dans la mesure que comporte leur industrie.

Ils doivent, en particulier, leur assurer un éclairage satisfaisant, un volume et un renouvellement d'air convenables, et s'attacher à l'expulsion des poussières produites au cours du travail, à celle des gaz et des vapeurs qui s'y dégagent et des déchets qui en résultent.

Ils doivent, en outre, installer les dispositifs de nature à protéger les ouvriers contre le contact des machines ou parties des machines, et contre les autres dangers inhérents à l'établissement ou à l'industrie de chacun d'eux, notamment contre les dangers d'incendie.

Enfin, ils doivent formuler au sujet de l'organisation du travail et de la conduite des ouvriers les prescriptions de nature à assurer la sécurité dans leurs établissements.

D'autre part, la législation actuelle ne prescrit aucune mesure relative à la moralité dans les ateliers. L'article 120 *b* du projet, destiné à combler cette lacune, rappelle, dans son premier paragraphe, l'importance de la question, recommande, dans son deuxième, de séparer les sexes autant que la « nature de l'industrie le permet », et, dans son troisième paragraphe, il impose l'obligation d'éviter cette promiscuité par la création de locaux suffisants lorsque les ouvriers changent de vêtement ou se livrent à des ablutions à l'issue de leur travail. Le paragraphe quatrième et dernier du même article 120 *b*, exige que les lieux d'aisance soient « suffisamment nombreux et disposés de façon à satisfaire aux prescriptions de l'hygiène et de la décence ».

Tandis que l'article 120 *c* n'est que la reproduction du § 1 de l'article 120 actuel, l'article 120 *d* confère à l'autorité de police compétente le soin d'imposer par voie de mesure individuelle les dispositions que prescrivent les articles 120 *a* à 120 *c*. Elles peuvent, en particulier, ordonner que les ouvriers prendront leurs repas en dehors des locaux affectés au travail, et qu'en hiver des locaux chauffés seront mis à cet effet gratuitement à leur disposition (art. 120 *d*, § 1). Ce droit n'est conféré à l'autorité de police que : 1° si le Conseil fédéral n'a pas formulé, en vertu de l'article 120 *e*, § 1, des prescriptions relatives à la catégorie d'établissements dont fait partie l'usine considérée ; 2° si la vie ou la santé des ouvriers est exposée à un péril imminent. Le § 2 de l'article 120 *e* renvoie d'ailleurs, pour la procédure à suivre en matière de réglementation, à l'article 81 de la loi du 6 juillet 1884 ; nous avons eu l'occasion de l'étudier en détail dans un précédent travail : nous n'y reviendrons pas ici [1]. Le recours contre la décision de l'autorité de police pourra être porté dans la quinzaine devant l'autorité administrative supérieure (art. 120 *d*, § 4). De plus, dans le cas où il n'y a pas péril imminent, un délai convenable doit être accordé au chef de l'établissement (art. 120 *d*, § 2). En vertu du paragraphe 3 du même article, ces dispositions s'appliquent aux modifications à apporter aux règlements déjà en vigueur dans les établissements industriels.

Le paragraphe 3 de l'article 120 *e* investit le Conseil fédéral d'un pouvoir très étendu : il s'agit de la détermination de la durée du travail et du repos dans les établissements où des fatigues excessives, imposées aux ouvriers, mettent leur santé en péril. Dans l'état actuel de la législation, le Conseil fédéral s'est déjà cru autorisé par le § 3 de l'article 120 de la loi en vigueur, à imposer cette mesure aux industries présentant *des dangers exceptionnels* qui ne lui semblaient pouvoir être conjurés que par une réduction de la durée du travail; il a même fait usage de ce droit en fixant un maximum du nombre d'heures de travail aux fabriques de couleur de plomb (Circulaire du 12 avril 1886). Néanmoins, les rapports des inspecteurs de fabriques ont signalé, dans des industries qui n'offrent pas un caractère *particulièrement dangereux*, de graves abus provenant de l'exagération de la durée du travail. Le nouveau texte qui constitue le § 3 de l'article 120 *e*, permettra au Conseil fédéral d'appliquer à toutes les branches d'industrie la mesure dont il ne peut frapper aujourd'hui que de rares établissements. L'Exposé des motifs du projet insiste d'ailleurs sur la distinction établie entre les pouvoirs des autorités de police (art. 120 *d*, § 1), et ceux du Conseil fédéral : ce dernier est seul armé du

[1] Voir *Bulletin du Comité permanent du Congrès des accidents*, n° 2, pages 81 et suivantes, notre étude sur la procédure en matière de réglementation.

droit de limitation du travail, droit trop exorbitant pour être confié à un organe administratif d'ordre inférieur.

INSPECTION DES FABRIQUES. — L'application de la loi industrielle sera, aux termes de l'article 139 du projet, assurée, comme par le passé, par le Corps des inspecteurs de fabriques. Sans revenir sur une question que M. Léon Faucher a si savamment étudiée[1], nous rappellerons pour mémoire qu'ils peuvent entrer dans les fabriques à toute heure de jour et même de nuit, à condition que le travail ne soit pas interrompu pendant la nuit, et qu'ils sont armés, sous la réserve du secret professionnel, de tous les droits de police nécessaires à l'accomplissement de leur mission.

2° Angleterre.

MESURES PRÉVENTIVES. — La législation industrielle de la Grande-Bretagne se résume dans la loi du 27 mai 1878 (*Factory and Workshop Act*) dont les articles 3 à 8 traitent de l'hygiène et de la sécurité des ateliers.

L'article 3 exige que les ateliers soient tenus dans un état convenable de propreté et de salubrité (aérage, ventilation).

Les articles suivants distinguent deux catégories d'appareils : les uns, visés par l'article 5 (monte-charges, volants, roues, organes de transmission) *doivent* être pourvus de dispositifs de protection, clôture ou appareil équivalent; les autres (au nombre desquels l'article 6 énumère les courroies et les meules, et l'article 7, les cuves et bassins contenant un liquide chaud ou corrosif) *peuvent* être l'objet de mesures de précaution, sur la réquisition adressée à cet effet par l'inspecteur de fabriques au directeur de l'établissement. L'article 8 formule l'interdiction de certains travaux à des classes déterminées d'ouvriers : 1° interdiction aux enfants, aux femmes et aux adolescents de travailler entre la partie fixe et la partie mobile d'un appareil mécanique; 2° aux adolescents et aux femmes de nettoyer les transmissions en mouvement; 3° aux enfants de nettoyer tout mécanisme en marche.

INSPECTION DES FABRIQUES. — L'inspection des fabriques existe en Angleterre, depuis 1833, comme fonction administrative dépendant de l'État. Nous renvoyons, pour l'inspection des fabriques en Angleterre comme pour l'inspection en Allemagne, au travail si complet de M. Léon Faucher.

[1] Voir *Congrès des Accidents*, t. II, p. 405 et suivantes.

Art. 74. — Tout industriel est tenu de prendre et d'entretenir à ses frais toutes les dispositions relatives aux ateliers, machines et appareils qui, eu égard à la nature de son industrie, sont nécessaires pour protéger la vie et la santé des ouvriers.

L'industriel doit notamment veiller à ce que les machines, les appareils et les diverses parties de ces derniers (roues motrices, appareils de transmission, courroies, cuves, chaudières, etc...), soient abrités ou munis d'appareils de protection tels qu'aucun accident ne puisse facilement arriver aux ouvriers dans l'exécution prudente de leur travail.

Entre autres obligations, l'industriel devra faire en sorte que, pendant toute la durée du travail, les ateliers soient le plus possible, eu égard à la nature de l'industrie, tenus propres et exempts de poussière, que l'air se renouvelle toujours d'une manière proportionnée au nombre des ouvriers et au mode d'éclairage et remédie aux mauvaises influences d'exhalations dangereuses, et notamment que, dans les industries chimiques, l'exploitation et la manipulation soient organisées de la manière la moins préjudiciable à la santé des ouvriers.

Les industriels doivent également, s'ils logent les ouvriers, ne pas affecter à cet objet des logements insalubres.

Inspecton des fabriques. — L'inspection des fabriques a été créée en Autriche par la loi du 17 juin 1883. Cette loi présente deux particularités dignes de mention :

1° L'article 4 confère au ministre le droit de confier à des inspecteurs *spéciaux* la surveillance de certaines industries.

2° L'article 5, qui définit la tâche des inspecteurs, leur recommande de veiller à l'application des prescriptions légales concernant :

a) Les mesures préventives d'hygiène et de sécurité *tant dans les locaux affectés au travail que dans les habitations s'il en existe*.

b) La durée du travail et du repos.

c) La tenue des listes d'ouvriers, les règlements de service, les salaires, le renvoi des ouvriers.

d) L'instruction professionnelle des jeunes ouvriers.

L'inspecteur est un agent technique de *surveillance, d'information et de consultation* à l'égard des autorités industrielles du pouvoir central (art. 6).

Comme *agent de surveillance*, il visite les établissements industriels; il y a entrée de jour et même de nuit (si l'on y pratique un travail nocturne) sur la présentation d'une carte délivrée par le chef de l'État et renouvelée tous les ans (art. 8, § 1). Il a le droit d'interroger, même sans témoin, toute personne attachée à l'exploitation (art. 8, § 2). Les patrons sont obligés de lui présenter sur sa demande (art. 8, § 3), les autorisations relatives à la création de leurs établissements, avec les plans et dessins. Tout obstacle (refus, fausse déclaration, etc.) apporté au fonctionnement de l'inspection est puni comme contravention par la loi du 15 mars 1883 (art. 8, § 4). Dans le cas où il considère une disposition comme dangereuse, il doit en ordonner la suppression ou la modification, et, en cas de refus, il en réfère à l'autorité compétente (art. 9).

Comme *agent d'information*, il adresse un rapport annuel au ministre du commerce (art. 13).

Comme *agent de consultation*, il peut être chargé (art. 10) de revêtir de son avis les demandes relatives à des créations d'établissements nouveaux, ou modifications d'établissements dangereux.

L'inspecteur peut d'ailleurs recourir au concours d'experts, médecins, chimistes, que l'autorité [illegible] sur sa demande pour constater le péril auquel la santé [illegible] se trouve exposée (art. 11).

L'inspecteur n'a pas seulement un rôle technique [illegible] aussi des fonctions sociales; il doit (art. 12) « servir d'intermédiaire impartial entre les patrons et les ouvriers, et contribuer à maintenir les bonnes relations qui doivent les unir ».

La loi, qui définit avec tant de précision les attributions des inspecteurs, se borne à exiger des candidats à ces fonctions des « connaissances techniques » qu'elle ne spécifie pas (art. 15). Soumis à l'obligation du secret professionnel (art. 16), ils ne doivent être ni intéressés ni employés dans une entreprise industrielle (art. 17); ils ne peuvent recevoir des patrons ou des ouvriers [illegible] ni une rémunération quelconque.

[illegible] Canada

Mesures [illegible] — La loi du 9 mai 1885 ([illegible] *Québec*) qui a pour objet de protéger la vie et la santé des [illegible] employées dans les manufactures [illegible] certaine catégorie d'établissements déterminés par la loi dans le tableau annexé et dont la liste peut être complétée par le lieutenant-gouverneur en Conseil; 2° à tout établissement [illegible] de moteur à vapeur ou mécanique ou de force hydraulique [illegible] à tout établissement employant plus de vingt personnes [illegible]

Cette loi, qui n'est en vigueur que dans les provinces de Québec et d'Ontario, formule une série de prescriptions de sécurité et de salubrité :

a) *Mesures de sécurité.* — Les parties mobiles des machines, les bassins, les cuves, les chaudières, les réservoirs et toutes constructions ou places dangereuses doivent être entourés d'organes protecteurs : les ouvertures des trappes, montecharges, puits de montecharges seront fermés par des portes retombant d'elles-mêmes. Les cages de montecharges doivent être pourvues de freins et de parachutes. Les mécanismes en marche, à l'exception de ceux des appareils à vapeur, ne peuvent être nettoyés que si l'inspecteur n'en formule point par écrit l'interdiction. Le danger d'incendie est également prévu (portes s'ouvrant de dedans au dehors, et, si des ouvriers sont employés à un étage supérieur au second, installation d'escaliers incombustibles).

b) *Mesures de salubrité.* — Les principales prescriptions sont les suivantes : expulsion de toute émanation provenant d'égoûts ou d'immondices, ventilation, expulsion des poussières, des vapeurs et des gaz, installation de lieux d'aisances inodores, en nombre suffisant et avec accès séparé pour chaque sexe.

Inspection des fabriques. — Le lieutenant gouverneur peut nommer des inspecteurs chargés de visiter les manufactures dans les mêmes conditions que les inspecteurs de fabriques en Angleterre.

6° Danemark.

Mesures préventives. — La loi danoise du 12 avril 1889 « sur les mesures à prendre en vue de prévenir les accidents pouvant résulter de l'emploi des machines, etc... », s'applique (art. 1er) à toute machine motrice, à toute machine opératrice et à tout appareil de transmission. La question de savoir si un établissement doit être rangé au nombre de ceux qui sont soumis à la loi, est résolue par le Ministre de la Justice (art. 16, § 1).

Le titre I de cette loi (art. 1 à 9) qui traite des mesures de sécurité, les définit avec une remarquable précision : le texte de la loi que l'on trouvera en annexe[1] permettra d'en étudier les détails. Il suffira de mentionner ici la liste des objets auxquels s'appliquent ces prescriptions :

Approche des machines motrices et des machines opératrices;

[1] Voir Annexe II le texte de cette loi, extrait d'un document présenté à la Conférence internationale de Berlin en 1890.

traduction intégrale qui, à notre connaissance, n'a pas encore été publiée (Voir Annexe II). L'article 1er énumère les industries auxquelles la loi doit s'appliquer; on peut dire qu'elles y sont toutes comprises à l'exception de l'exploitation des mines et de l'industrie du bâtiment. L'article 2 prévoit une série de mesures protectrices définies avec une précision qui n'a d'égale que celle des lois américaines; ces prescriptions sont relatives : les unes, à la sécurité (chutes, montecharges, grues, bassins, moteurs, transmissions, danger d'incendie), les autres, à la salubrité (ventilation, éclairage).

Inspection des fabriques. — Les articles 5 et suivants instituent un Corps d'Inspecteurs de fabriques : les remarques consignées dans la note de la page précédente doivent être complétées par deux observations :

1° L'article 8 prévoit l'existence d'associations libres créées en vue de prévenir les accidents;

2° Le même article donne au gouvernement provincial le droit de fermer les établissements en cas de péril imminent.

12° Suisse.

Conditions du travail. — La loi fédérale du 23 mars 1877 ne s'applique, aux termes de son article 1er, qu'à « tout établissement « industriel où un nombre plus ou moins considérable d'ouvriers

délétères, et dans 64 fabriques aucune mesure n'était organisée en vue de conduire au dehors les vapeurs dangereuses qui se produisaient au cours du travail.

Ces documents suffirent à convaincre, en Suède, tous les esprits éclairés de la nécessité d'une loi relative à la sécurité et à la salubrité du travail. La discussion porta toutefois : 1° sur les définitions des établissements qui devaient être soumis à la loi; 2° sur les fonctions à confier aux Inspecteurs des fabriques.

En ce qui concerne le premier point, la commission exempta tout d'abord les établissements agricoles, le gouvernement ajouta sur la liste des exceptions l'industrie du bâtiment, et la Diète comprit au nombre des installations dispensées les scieries et, en général, les ateliers non assimilables aux fabriques : elle se réservait le droit d'étendre plus tard à d'autres établissements la même législation.

Quant à l'inspection, le texte définitivement voté se ressentit des craintes qu'inspirait aux industriels l'ingérence de fonctionnaires dans les affaires de leurs établissements. Le droit de poursuite fut exclusivement réservé au ministère public, tandis que le projet conférait ce pouvoir aux Inspecteurs; des tolérances furent accordées aux fabriques déjà existantes par l'article 2 (§ 2, d) et (§ 3, 1°); l'Inspecteur ne doit d'ailleurs entrer dans une fabrique qu'après avoir prévenu le chef de l'entreprise (art. 6, 1er alinéa), et celui-ci peut (art. 6, 2e alinéa) lui refuser l'entrée de certaines parties de son établissement.

« sont employés [illegible] et régulièrement, hors de leur domicile et dans un local fermé ». Le même article confère au Conseil fédéral le droit de décider en dernier ressort, après avis préalable du gouvernement cantonal, si tel ou tel établissement [illegible] doit être classé comme fabrique. Une commission d'experts des départements des chemins de fer et du commerce, réunie dès le [illegible] avril 1878, posa les principes suivants :

1° Une industrie à laquelle les membres de la famille prennent seuls part, n'a pas le caractère de fabrique même si des moteurs mécaniques y sont employés. Si des ouvriers étrangers à la famille y sont occupés, leur nombre détermine seul le classement de l'établissement au nombre des fabriques.

2° La question du nombre des ouvriers se résout comme suit :

a) Tout établissement qui occupe vingt-cinq ouvriers ou plus est, en tous cas, considéré comme fabrique.

b) Tout établissement qui occupe cinq ouvriers ou moins n'est regardé comme fabrique que si d'autres motifs autorisent cette mesure ; la circulaire du Conseil fédéral du [illegible] septembre 1886, confirmée par une décision du même Conseil le 2[illegible] septembre 1886, dispose que le Conseil fédéral a toujours le droit de traiter comme fabriques dans le sens de la loi, « des établissements qui compromettent d'une manière particulière la vie et la santé des ouvriers, lors même que le nombre des ouvriers n'y atteint pas le chiffre de six admis comme minimum ».

3° Les industries qui s'exercent en grande partie dans des locaux non entièrement fermés, mais qui, en raison des moteurs que l'on y emploie ou des matières que l'on y élabore, sont insalubres ou dangereuses, sont soumises à la loi [1].

[1] Par une circulaire du 6 août 1889, le département fédéral de l'industrie et de l'agriculture vient de consulter les gouvernements fédéraux au sujet de la motion Comtesse adoptée par le Conseil national le 5 juin et dont la teneur est la suivante : « Dans le but de remédier aux inégalités qui se présentent dans l'application de la loi fédérale concernant le travail dans les fabriques et afin [illegible] au plus grand nombre d'ouvriers le régime protecteur de la loi, le Conseil fédéral est invité à examiner s'il n'y a pas lieu de modifier les règles [illegible] fixées par les arrêtés et circulaires, notamment en ce qui concerne [illegible] des ouvriers et l'emploi des moteurs mécaniques. » La circulaire du département fédéral, signée de M. Deucher, considère qu'il faut, en principe, [illegible] affirmativement la question posée par cette motion, sans qu'il soit nécessaire de reviser pour cela l'article 1, qui arme le Conseil fédéral de pouvoirs suffisamment étendus. Elle constate l'inégalité de traitement des patrons.

[illegible]

[illegible] des dimanches et fêtes. [illegible] au repos d'une [illegible] pour les repas. [illegible] Des locaux [illegible] sont [illegible] des ouvriers [illegible] ou se sont [illegible] fabrique.

L'article [illegible] le travail de nuit (c'est-à-dire [illegible] de 8 heures [illegible] 5 heures du matin) [illegible] Conseil fédéral [illegible] par ce dernier.

Le travail du dimanche n'est toléré (art. 14) qu'en cas de nécessité absolue; l'ouvrier doit d'ailleurs toujours avoir un dimanche sur deux.

Mesures préventives. — Les mesures [illegible]

[illegible] que

[illegible]

Le paragraphe 2 [illegible] relatif à la salubrité, traite de l'aérage [illegible]

[illegible]

[illegible]

« [illegible] les locaux de travail [illegible] autant que possible, dégagés de la poussière qui s'y forme, et à ce que l'air s'y renouvelle toujours dans une mesure proportionnée au nombre des ouvriers, aux appareils d'éclairage et aux émanations délétères qui peuvent s'y produire. »

Enfin le paragraphe 3 vise exclusivement la sécurité :

« Les parties des machines et des courroies de transmission qui offrent des dangers pour les ouvriers seront soigneusement renfermées. »

INSPECTION DES FABRIQUES. — Le Conseil fédéral est investi par l'article 18 du droit de nommer des inspecteurs de fabriques, les uns permanents, les autres spéciaux à certaines industries ou [illegible].

DEUXIÈME PARTIE

RÉGLEMENTATION DU TRAVAIL DES FEMMES ET DES ENFANTS

1° Allemagne.

Le projet de loi du 8 mai 1890 contient, comme il a été dit plus haut, des dispositions relatives au travail des femmes et des enfants.

DÉFINITION DES ÉTABLISSEMENTS SOUMIS A LA LOI. — Dans la législation actuellement en vigueur, on comprend sous le nom de fabriques les usines, les chantiers de constructions terrestres ou navales et les ateliers où l'on fait un usage courant de la vapeur (art. 154, § 2). L'article 154 de la rédaction nouvelle y ajoute :

1° Les forges ;

2° Les carrières à ciel ouvert exploitées d'une manière suivie ;

3° Les ateliers actionnés par une force élémentaire (vapeur, eau, vent, gaz ou électricité).

Tuileries. — La question de savoir si les tuileries doivent être considérées comme des fabriques est actuellement très discutée en Allemagne. La jurisprudence des tribunaux et la pratique de l'administration s'accordent à considérer comme telles les tuileries stables, c'est-à-dire celles dont l'exploitation a un réel caractère de permanence, celles qui emploient des moteurs fixes, ainsi que les tuileries à four annulaire, et celles où l'on façonne des tuiles. Mais on refuse d'assimiler aux fabriques les tuileries *en pleine campagne* qui se bornent à l'extraction de l'argile et ne sont exploitées que pendant l'été.

[illegible]

[illegible] les mesures pour que les femmes [illegible] le Conseil ne pourra que [illegible] par le [illegible] industries domestiques [illegible] loi du travail à l'usine. Cette [illegible] résulter de la rédaction d'un art[illegible] de formes variées [illegible] mécaniques [illegible] sont [illegible] la pratique [illegible] du projet de loi ne craint pas, du reste, que ces mesures [illegible] entraver le développement des petits moteurs dans l'industrie domestique; les dérogations, que la loi autorise le Conseil fédéral à accorder en cas de besoin, sont en effet destinées à prévenir ce danger.

Le paragraphe 4 du nouvel article 154 maintient l'interdiction des travaux souterrains pour les femmes, et le paragraphe 3 du même article assimile aux fabriques, les mines, les salines, les ateliers de préparation mécanique et les carrières souterraines.

[illegible] (au-dessous de 16 ans). — 1° *Age d'admission.* [illegible] actuellement en vigueur (art. 135) déclare que les enfants au-dessous de 12 ans ne peuvent être employés dans les [illegible] paragraphe 1 de l'article 136 du projet porte cet âge à 14 ans.

[illegible] 142 actuel, les enfants de moins de [illegible] ne peuvent travailler que six heures par jour et à la condition [illegible] une école [illegible] ou qui [illegible] été approuvés par l'autorité [illegible]

L'article [illegible] du projet dispose que les enfants de plus [illegible] ne peuvent être occupés dans les fabriques que s'ils ont [illegible] l'obligation scolaire.

Les motifs qui font abandonner le système [illegible] sont les suivants :

1° Au point de vue de l'instruction [illegible] Trois heures par jour sont évidemment insuffisantes, même si elles sont bien employées, et, d'ailleurs, le plus souvent le travail physique absorbe la meilleure part des forces de l'ouvrier qui ne peut consacrer au travail intellectuel qu'une bien faible attention.

2° Au point de vue moral, c'est avec la famille et non avec

l'atelier que l'école doit se partager le temps de l'enfant, qui se trouve à la fabrique où le séjour en plein air ni le commerce avec ses compagnons d'âge auquel est substituée la fréquentation dangereuse des adultes.

Les enfants qui ne sont pas sortis de l'école ne doivent donc pas être admis à l'atelier.

Dès lors, deux solutions sont possibles : ou bien porter à 14 ans l'âge d'admission à l'atelier, ou bien subordonner cet âge à celui de la sortie de l'école. Le projet de loi a adopté la seconde solution.

Celle-ci a sans doute l'inconvénient d'imposer un régime différent aux diverses parties de l'Empire allemand qui ne sont pas soumises à la même législation scolaire[1]. Mais elle a l'avantage de ne pas abandonner l'enfant à une dangereuse oisiveté pendant la période qui sépare son entrée à l'usine de sa sortie de l'école.

2° *Durée du travail.* — « Les enfants de moins de 14 ans ne pourront, aux termes du projet, travailler plus de six heures ».

Quant aux interruptions de travail, le tribunal de l'Empire, par une décision du 30 septembre 1887, avait, en interprétant le paragraphe 1er de l'ancien article 136, déclaré que les enfants devaient avoir au moins deux demi-heures de repos, parce que le terme « pluralité de repos » figure dans le texte actuellement en vigueur. Le projet limite explicitement à une demi-heure la durée de ce repos.

3° *Exceptions.* — L'auteur du projet de loi a craint que les restrictions apportées à l'emploi des enfants n'eussent pour résultat de les laisser sans travail jusqu'à l'âge de 14 ans, les patrons préférant attendre, pour embaucher un ouvrier, qu'il soit entré dans la classe des jeunes gens (de 14 à 16 ans). On serait ainsi retombé dans les dangers de l'oisiveté déjà signalés plus haut. Aussi l'article 135 (paragraphe 3) du projet autorise-t-il l'assimilation aux jeunes ouvriers, des enfants de plus de 13 ans qui ont satisfait à l'obligation scolaire; cette tolérance ne sera admise que dans les industries déterminées par le Conseil fédéral et sur le vu du certificat d'un médecin reconnu par l'autorité administrative et attes-

[1] Voici l'état de ces législations scolaires :

Saxe et Prusse	8 ans de séjour à l'école et jusqu'à 14 ans révolus.
Bavière	13
Cercle de Schleswig	jusqu'à la Confirmation.
Autres cercles	14 ans révolus.
Province Rhénane	13 ans et 6 mois.

1° Elles ne peuvent être employées pendant les trois semaines qui suivent leur accouchement (art. 135, § 5).

2° Une décision du Conseil fédéral peut interdire aux femmes le travail pendant la nuit, ou même en tout temps, dans les industries qui mettent en péril leur santé ou leur moralité (art. 139 *a*, § 1).

3° Les travaux souterrains des mines leur sont interdits (art. 154, § 4).

Le projet de loi voté par le Reichstag le 17 juin 1887, apportait de nouvelles restrictions à l'emploi des femmes dans l'industrie :

1° La durée du repos de trois semaines après l'accouchement était portée à quatre, et le Conseil fédéral devait désigner les industries qui seraient interdites aux femmes enceintes.

2° Les femmes ne devaient être employées ni la nuit ni le dimanche, ni à partir de 6 heures du soir la veille des dimanches et fêtes.

3° Les femmes *mariées* ne devaient pas travailler plus de dix heures par jour.

4° L'autorisation d'occuper les femmes pendant la nuit pouvait être accordée par la police locale, en cas d'excès de commandes.

Le projet de 1890 s'est inspiré de ces dispositions en les combinant :

1° *Conditions d'admission.* — Sans modifier la durée de quatre semaines pour la période de repos obligatoire après l'accouchement, l'article 137 (paragraphe 5) du projet n'accorde aucune protection aux femmes enceintes : l'auteur de l'Exposé des motifs signale en effet l'impossibilité de déterminer exactement la durée de la période pendant laquelle le travail devrait être suspendu ; le Conseil fédéral lui semble d'ailleurs suffisamment armé en vertu de l'article 139 *a* pour interdire aux femmes, notamment pendant la durée de leur grossesse, l'entrée des ateliers dangereux.

2° *Durée du travail.* — *a*) Le travail ne peut pas durer plus de onze heures par jour pour les femmes (art. 137, § 2).

b) Le travail ne doit pas se prolonger au delà de 8 heures et demie du soir, ni commencer avant 5 heures et demie du matin (art. 137, § 1).

c) Il ne doit pas se prolonger au delà de 5 heures et demie du soir la veille des dimanches et fêtes (art. 137, § 1).

d) Le travail doit être interrompu à midi par un repos de une heure.

e) Les femmes qui ont un ménage doivent cesser leur travail une demi-heure avant le repos de midi, si ce dernier n'a pas une durée de une heure et demie au minimum. Cette disposition s'appliquera, sauf avis contraire donné par la police, à toute femme mariée et à toute veuve ayant des enfants.

Ces prescriptions du projet de loi sont justifiées dans l'Exposé des motifs par des considérations qu'il est intéressant de résumer ici :

a) La limitation à dix heures du travail des femmes *mariées*, qui avait été proposée en 1887, présentait l'inconvénient de soumettre à un régime différent des ouvrières employées dans la même usine. De plus, dans certaines régions, comme en Saxe ou en Thuringe, le nombre des ouvrières mariées est si considérable que l'adoption du projet de 1887 équivaudrait pour ainsi dire à une limitation à dix heures du travail de toutes les femmes. Il n'y a d'ailleurs aucun intérêt à interdire le travail industriel aux femmes qui n'ont pas d'enfants ou à celles dont les enfants ne sont plus en bas âge. — D'autre part, l'extension à toutes les femmes, mariées ou non, de la limitation de la journée de travail, assure une protection nécessaire à des ouvrières dont le projet de 1887 n'avait aucun souci. Ce n'est pas seulement l'intérêt de la santé de la femme (« dont dépend l'avenir de la nation »,) c'est aussi l'intérêt de la vie de famille qui est lié à cette restriction de la durée du travail. Or, en Allemagne, le travail normal excède fréquemment onze heures et il s'y ajoute même souvent des heures supplémentaires. Dès 1868, dans le ressort de la chambre de commerce de Gladbach, une entente fut conclue entre les filateurs de coton en vue de ne pas laisser la durée de travail surpasser douze heures. Le nombre considérable des commandes pendant les années 1872 et 1873 fit abandonner cette mesure à laquelle l'excès de production a depuis lors obligé de recourir. Toutefois, cette entente est demeurée limitée à un champ fort restreint; elle n'a pu s'étendre à toute la province Rhénane, et l'accès de la Westphalie lui a toujours été fermé : le chiffre de douze heures a d'ailleurs seul été atteint. La tentative, faite par l'Augsbourg et le Wurtemberg, en vue de réduire à onze heures la durée du travail, s'est heurtée à l'impossibilité d'amener l'Alsace, la Saxe et le duché de Bade à l'adoption de la même mesure. Aussi les directeurs des usines de textiles du Sud et de l'Ouest de l'Allemagne ont-ils fréquemment exprimé le désir de voir le travail des femmes réglé par le législateur. L'inspecteur des fabriques du duché de Bade, qui, dans son rapport relatif à l'exercice 1889, signale l'unanimité de ces vœux, attire également l'attention des pouvoirs publics sur les abus qui résultent de la prolongation du travail assez avant dans la nuit : d'après lui, dans un certain nombre d'établissements de textiles où le service dure pendant douze heures, les femmes font deux fois par semaine quatre à cinq heures de travail de nuit.

b) C'est ce qui justifie l'interdiction de prolonger au delà de 8 heures et demie du soir la durée du travail. Le Gouvernement prussien s'est d'ailleurs ému depuis plusieurs années de cette grave question du travail de nuit. L'enquête entreprise en 1884 conduisit aux résultats suivants :

	NATURE de l'industrie.	NOMBRE d'établissements.	NOMBRE de femmes occupées.	NATURE DU TRAVAIL.
PRUSSE.	Fabrication du sucre de betteraves.	236	6.500	Travaillent régulièrement pendant la nuit.
	Usines à fer	15	671	Idem.
	Usines à zinc	10		
	Fabriques de ciment	4		
	Fabriques de briquettes	12	220	Idem.
	Verreries	12	200	Idem.
	Fabriques de papier	14	203	Idem.
	Fabriques de laine artificielle	5	900	Idem.
	Imprimeries de journaux	16	80	Idem.
HAUTE-SILÉSIE.	Houillères	»	3.858	Ne travaillent la nuit qu'en cas de commandes exceptionnelles.
	Mines métalliques	»	2.620	Travaillent la nuit de deux semaines l'une.
	Mines de fer	»	1.543	Ne travaillent pas la nuit.
	Usines privées	»	3.662	Idem.

On voit donc que :

1° La fabrication du sucre de betteraves est, de toutes les industries qui occupent régulièrement des femmes pendant la nuit, celle qui en emploie le plus grand nombre ;

2° Les houillères silésiennes, qui viennent immédiatement après par le nombre des femmes qu'elles emploient, ne leur imposent le travail de nuit qu'à titre exceptionnel.

D'ailleurs la fabrication du sucre de betteraves est une « indus-

actuel de la législation, ne s'applique qu'aux jeunes gens, est étendu aux femmes par le projet de loi.

4° *Exceptions.* — Les exceptions, destinées à concilier les intérêts en présence, portent sur les points suivants :

a) Aux termes de l'article 138 *a* (paragraphe 1), l'autorité administrative inférieure peut, en cas de commandes exceptionnelles, porter à 10 heures du soir, pour une période de quinze jours, la limite du travail des femmes, pourvu que la durée du travail journalier ne dépasse pas treize heures : cette autorisation ne peut toutefois être accordée au même patron pour une durée totale de plus de quarante jours par an. Cette exception s'applique aussi bien au cas des industries de saison qu'à celui des commandes exceptionnelles.

b) L'exception de l'article 139, que la loi actuellement en vigueur formule au sujet des jeunes ouvriers, est étendue aux femmes par le projet de loi.

c) L'autorité administrative inférieure peut (art. 138 *a*, § 3) tolérer que, la veille des jours fériés, le travail des femmes se prolonge au delà de 5 heures et demie du soir, lorsqu'elles n'ont pas un ménage à entretenir ni une école professionnelle à fréquenter, et à condition qu'il s'agisse de la deuxième ou de la troisième classe des travaux visés par l'article 105 (paragraphe 1) c'est-à-dire des travaux de nettoyage ou des travaux destinés à éviter la détérioration de matières premières et de produits finis.

d) L'exception du paragraphe 3 de l'article 139 *a*, dont bénéficient les jeunes ouvriers, s'applique aux femmes sans limitation d'heures pour le travail hebdomadaire, et, aux termes du paragraphe 2 du même article, le Conseil fédéral peut autoriser le travail de nuit pour les industries dans lesquelles il est déjà en usage sans que la santé ni la moralité des ouvrières aient à en souffrir.

5° *Dispositions transitoires.* — L'article 155 (paragraphe 5) du projet de loi confère au pouvoir central de chaque État le droit d'autoriser jusqu'au 1er avril 1893 la continuation du travail de nuit dans des établissements où cette pratique, bien que condamnable, ne saurait être immédiatement supprimée sans entraîner des dépenses excessives : dans ce cas, le poste de nuit ne devra pas avoir une durée de plus de dix heures, interrompue par un repos de une heure au minimum.

2° Angleterre.

Conformément au plan que je me suis tracé au début de ce travail, l'étude des législations déjà anciennes et bien connues sera réduite au rappel des dispositions essentielles. La Grande-Bretagne est dans ce cas : la loi qui régit la matière est celle du 27 mai 1878.

I. Définition des établissements soumis a la loi. — La loi anglaise s'applique à toutes les industries sans exception. La distinction fondamentale qu'elle établit consiste à séparer les industries textiles des autres industries. Quant aux ateliers de famille, dans lesquels il n'est pas fait usage de force mécanique, ils ne sont l'objet d'une réglementation que relativement aux enfants (ouvriers et ouvrières au-dessous de 14 ans) et aux jeunes gens (ouvriers de 14 à 18 ans).

II. Enfants (au-dessous de 14 ans). — 1° *Age d'admission.* — Les enfants ne peuvent être employés dans les établissements industriels qu'à l'âge de 10 ans révolus (art. 20).

2° *Durée du travail.* — A. Dans les industries textiles, la durée du travail ne doit pas dépasser dix heures par jour avec une demi-heure de repos, ou douze heures tous les deux jours avec deux heures de repos : dans ce dernier cas, les enfants ne doivent pas travailler pendant deux jours consécutifs : au bout de quatre heures et demie de travail, ils ont droit à une demi-heure de repos (art. 12).

B. Dans les autres industries, le travail ne peut avoir lieu que tous les deux jours.

C. Dans les ateliers domestiques, le travail peut durer sept heures avec repos de une demi-heure au bout de cinq heures de travail.

Les enfants doivent chômer l'après-midi du samedi et toute la journée du dimanche sauf exception (cas de force majeure et usines à feu continu) (art. 21).

Le travail de nuit leur est interdit.

III. Jeunes gens (de 14 à 18 ans). — 1° *Conditions d'admission.* — Les enfants et les jeunes gens au-dessous de 16 ans ne sont pas admis à travailler sans un certificat médical les déclarant aptes au travail auquel ils sont destinés.

2° *Durée du travail.* — A. Dans les industries textiles, les jeunes ouvriers travaillent de 6 heures du matin à 6 heures du soir ou de 7 heures du matin à 7 heures du soir, avec deux heures de

[illegible]

[illegible] un repos de quatre heures et demie [illegible] une demi-heure de repos.

[illegible] le travail peut être compris entre [illegible] heures du soir, avec une durée effective de dix heures et demie. Au bout de cinq heures de travail ils ont droit à un repos de une demi-heure.

[illegible] Dans les ateliers domestiques, les prescriptions sont les mêmes que dans les industries autres que les filatures.

[illegible] jours fériés, le travail ne doit durer que sept heures avec repos d'une demi-heure, dans le cas des industries textiles, [illegible] heures et demie dans les autres cas.

[illegible] travail de nuit est interdit aux jeunes ouvriers.

[illegible] — *Durée du travail*. — Les dispositions sont les mêmes que celles qui régissent le travail des jeunes gens, à cette différence près que le cas des ateliers domestiques n'est pas prévu.

3° Australie

La loi du 18 décembre 1885 dont l'étendue d'application a été définie ci-dessus (voir page 14), formule des prescriptions détaillées au sujet du travail des femmes et des enfants.

I. Enfants (au-dessous de 16 ans). — 1° *Age d'admission*. — Les enfants ne peuvent être admis au travail qu'à l'âge de 13 ans (art. 30, § 1). Certains travaux, qui sont énumérés dans la deuxième [illegible] de la loi (voir annexe I, page 58), leur sont interdits.

Tout ouvrier âgé de moins de 16 ans doit être muni d'un certificat d'aptitude physique (art. 31, § 1).

2° *Durée du travail*. — La durée du travail ne doit pas excéder [illegible] heures par semaine (art. 29). Tout travail d'une durée de cinq heures consécutives doit être interrompu par un repos d'une demi-heure (art. 21). Dans les imprimeries, les compositeurs ne doivent pas travailler plus de huit heures par jour [illegible].

Le travail de nuit (de 6 heures du soir à 6 heures du matin) est interdit aux garçons de moins de 14 ans et aux filles de moins de [illegible] (art. 33). Dans les imprimeries le travail de nuit est interdit aux garçons jusqu'à l'âge de 16 ans; il est exceptionnellement autorisé par le ministre, à condition que les enfants ne travaillent pas pendant deux nuits consécutives (art. 33).

Le travail du dimanche est réglé comme en Angleterre.

II. Jeunes gens (de 16 à 18 ans). — Tout travail d'une durée de cinq heures consécutives, doit être interrompu par un repos d'une demi-heure (art. 21). La limitation à huit heures du travail des compositeurs d'imprimerie, s'applique aux filles âgées de moins de 18 ans (art. 35); il en est de même des prescriptions relatives au travail de nuit dans les mêmes établissements (art. 35). Un certain nombre de travaux sont interdits aux jeunes gens (voir deuxième cédule).

III. Femmes. — La seule prescription relative aux femmes consiste dans l'obligation d'interrompre par un repos d'une demi-heure, tout travail qui dure pendant cinq heures consécutives (art. 21).

IV. Mesures préventives. — L'article 41 interdit d'employer les ouvriers de moins de 18 ans et les femmes au nettoyage des mécanismes en marche, et de les faire travailler entre les parties fixes et les parties mobiles d'une machine en mouvement. Indépendamment de ces mesures de sécurité, la deuxième cédule (voir page 56) énumère, à titre de prescriptions d'hygiène, une série d'industries dans lesquelles les enfants ou les jeunes gens ne doivent pas être employés.

4° Autriche.

I. Définition des établissements soumis a la loi. — La loi du 8 mars 1885 vise les ateliers, fabriques et établissements industriels de toute nature.

II. Enfants (au-dessous de 14 ans). — 1° *Age d'admission.* — Les enfants ne doivent être admis au travail qu'à l'âge de 12 ans (art. 94). Ils ne peuvent être employés dans les établissements insalubres ou dangereux (art. 93).

2° *Durée du travail.* — Les enfants âgés de moins de 14 ans ne peuvent travailler que huit heures par jour (art. 94).

Le travail de nuit leur est interdit; il en est de même de celui des dimanches et fêtes.

III. Jeunes gens (de 14 à 16 ans). — *Durée du travail.* — Les conditions du travail sont fixées pour les jeunes ouvriers comme pour les adultes (voir plus haut, page 15).

IV. Femmes. — *Durée du travail.* — La durée de travail des femmes est la même que celle des adultes. De plus, elles ne doivent pas travailler pendant les quatre semaines qui suivent leur accouchement.

5° Belgique.

I. Définition des établissements soumis a la loi. — L'article 1er de la loi du 13 décembre 1889, *concernant le travail des femmes, des adolescents et des enfants dans les établissements industriels*, définit dans les termes suivants les établissements assujettis :

Art. 1er. — Est soumis au régime de la présente loi, le travail qui s'exécute :

1° Dans les mines, minières, carrières, chantiers;

2° Dans les usines, manufactures, fabriques;

3° Dans les établissements classés comme dangereux, insalubres ou incommodes ainsi que dans ceux où le travail se fait à l'aide de chaudières à vapeur ou de moteurs mécaniques;

4° Dans les ports, débarcadères, stations;

5° Dans les transports par terre ou par eau.

Les dispositions de la présente loi s'appliquent aux établissements publics comme aux établissements privés, même quand ils ont un caractère d'enseignement professionnel ou de bienfaisance.

Sont exceptés :

Les travaux effectués dans les établissements où ne sont employés que les membres de la famille, sous l'autorité, soit du père ou de la mère, soit du tuteur, pourvu que ces établissements ne soient pas classés comme dangereux, insalubres ou incommodes ou que le travail ne s'y fasse pas à l'aide de chaudières à vapeur ou de moteurs mécaniques.

Aux termes de l'article 21, le gouvernement pourra proroger d'un an l'application de la loi à l'industrie verrière.

II. Enfants (au-dessous de 14 ans). — 1° *Age d'admission*. — Il est interdit d'employer des enfants âgés de moins de 12 ans (art. 2).

2° *Durée du travail*. — Le travail ne peut pas excéder une durée de douze heures par jour, interrompue par des repos dont la durée totale ne doit pas être inférieure à une heure et demie (art. 4, § 2).

Le travail de nuit (9 heures du soir à 5 heures du matin) est interdit (art. 6, § 1). Toutefois, aux termes du paragraphe 3 du même article 6, le roi peut autoriser, dans l'exploitation des mines, le travail des enfants à partir de 4 heures du matin.

Le travail ne peut durer plus de six jours par semaine, sauf en cas de force majeure.

Un arrêté royal peut interdire aux enfants des travaux excessifs, dangereux ou insalubres; dans le cas des travaux insalubres, l'arrêté peut se contenter de limiter le nombre d'heures pendant lequel les enfants seront occupés aux travaux en question (art. 3).

III. Jeunes gens (de 14 à 16 ans). — Les dispositions relatives aux enfants s'appliquent aux jeunes ouvriers à part les différences suivantes :

1° Un arrêté royal peut autoriser l'emploi des jeunes ouvriers pendant la nuit dans des « travaux, qui, en raison de leur nature, ne peuvent être interrompus ou retardés ou ne peuvent s'effectuer qu'à des heures déterminées » (art. 6, § 2). Il en est de même (art. 6, § 3) de l'exploitation des mines.

2° Un arrêté royal peut également porter la durée du travail à sept jours par semaine, dans les établissements visés par le paragraphe 2 de l'article 6 (art. 7, § 2).

IV. Femmes. — Les filles et femmes âgées de plus de 16 ans et de moins de 21 ans sont soumises aux mêmes prescriptions que les jeunes ouvriers.

Les femmes ne peuvent être employées pendant les quatre semaines qui suivent leur accouchement (art. 5).

V. Inspection des fabriques. — La loi institue (art. 12) un corps d'inspecteurs de fabriques qui ont libre entrée dans les établissements assujettis (art. 13, § 1) et peuvent verbaliser en cas d'infraction à la loi (art. 13, § 4). Ils ont le droit (art. 13, § 2) d'exiger la communication du carnet ou livret individuel des enfants, des adolescents et des filles ou femmes mineures, et celle du registre de l'établissement qui, aux termes de l'article 10, doit résumer les renseignements inscrits sur chaque carnet.

6° Canada.

I. Définition des établissements soumis a la loi. — La loi qui régit la matière est celle du 9 mai 1885, dont l'étendue d'application a été indiquée ci-dessus (voir page 17).

II. Enfants (au-dessous de 14 ans). — 1° *Age d'admission.* On ne peut employer un garçon âgé de moins de 12 ans ni une fille âgée de moins de 14 ans ; pour être admis au travail, les enfants doivent présenter un certificat d'aptitude physique signé d'un médecin ou d'une personne ayant autorité sur eux.

2° *Durée du travail.* — La durée du travail ne doit pas excéder onze heures, dont une heure pour le repas à midi. En cas de force majeure ou de conditions particulières résultant de la nature même de l'industrie, le lieutenant-gouverneur a le droit d'accorder des dispenses, sans que toutefois le travail puisse commencer avant 6 heures du matin ni se terminer après 9 heures du soir ; il ne doit jamais durer plus de douze heures et demie par jour ni plus de soixante heures et demie par semaine ; l'exception ne peut porter sur plus de six semaines par an.

III. Jeunes gens (au-dessus de 14 ans). — Les jeunes ouvriers sont soumis au même régime que les adultes.

IV. Femmes. — Les femmes ou filles âgées de plus de 14 ans sont assimilées aux enfants.

7° Danemark.

La loi du 23 mai 1873 ne s'occupe que des enfants et jeunes ouvriers employés dans les fabriques, mais non des femmes.

I. Enfants (au-dessous de 14 ans). — 1° *Age d'admission.* — Les enfants au-dessous de 10 ans ne sont pas admis dans les fabriques (art. 2, § 1). Ils doivent être munis d'un certificat d'aptitude physique au travail auquel on les destine (art. 8).

2° *Durée du travail.* — La durée du travail ne doit pas être supérieure à six heures et demie, dont une demi-heure de repos. Le travail durant la nuit (de 8 heures du soir à 6 heures du matin) et durant les jours fériés leur est interdit (art. 2, § 2, et art. 5).

II. Jeunes gens (de 14 à 18 ans). — *Durée du travail.* — Le travail peut avoir une durée de douze heures interrompue par deux heures de repos (art. 3). Le travail durant la nuit (de 9 heures du soir à 6 heures du matin) et durant les jours fériés est interdit aux jeunes ouvriers comme aux enfants.

III. Mesures préventives. — La loi danoise formule une série de prescriptions d'hygiène et de sécurité.

1° *Hygiène.* — Les jeunes ouvriers et les enfants ne doivent pas séjourner pendant les repos dans le local affecté à leur travail, si la nature même de l'industrie rend ce séjour dangereux (art. 4).

2° *Sécurité.* — Aux termes de l'article 11 :

Toutes les parties actives des machines ainsi que tous les appareils mis en mouvement par la machine et avec lesquels les enfants et les jeunes gens pourraient se trouver en contact, soit en circulant, soit au cours de leur travail ordinaire, doivent être solidement enfermés, autant que le permettent la nature des machines et les conditions du travail; il est interdit d'enlever la clôture pendant que les machines sont en marche.

Les enfants et les jeunes gens ne doivent être employés à nettoyer aucune partie des machines pendant qu'elles sont en marche.

IV. Inspection des fabriques. — Les inspecteurs de fabriques ont été institués par la loi du 23 mai 1873 : toutefois leur action ne s'étendait d'abord qu'aux établissements où travaillent des jeunes ouvriers et des enfants, et c'est la loi du 12 avril 1889 qui, par son article 14, les a investis d'un droit de surveillance sur tous les établissements industriels (voir ci-dessus page 19).

8° Espagne.

La loi du 24 juillet 1873 et le projet déposé le 7 juin 1887 ne font aucune mention des femmes occupées dans les fabriques.

Le projet de 1887 s'applique non seulement aux usines, mais encore aux mines.

I. Enfants (au-dessous de 13 ou 14 ans). — 1° *Age d'admission.* — L'âge d'admission au travail, qui est actuellement fixé à 10 ans, est porté à 9 par le projet de loi.

2° *Durée du travail.* — Les garçons âgés de moins de 13 ans et les filles au-dessous de 14 ans ne doivent travailler que cinq heures par jour. Le projet adopte l'âge de 13 ans pour l'application de cette mesure aux enfants des deux sexes.

Le travail de nuit est interdit par le projet de loi comme par la loi en vigueur.

Le travail du dimanche, dont la loi de 1873 ne faisait pas mention, est interdit par le projet.

II. Jeunes gens. — Aux termes de la loi actuelle, les garçons de 13 à 15 ans et les filles de 14 à 18 ans ne doivent travailler que huit heures par jour. Le projet de 1887 applique cette prescription aux ouvriers des deux sexes entre 13 et 17 ans et ajoute qu'ils ne pourront pas travailler plus de quatre heures de suite.

Le travail de nuit, que la loi de 1873 interdit aux jeunes ouvriers, est toléré par le projet dans les établissements à feu continu. Le projet autorise également dans ces établissements le travail durant les jours fériés, à condition que les jeunes ouvriers aient le temps d'accomplir leurs devoirs religieux. Dans les autres fabriques, l'autorisation ne pourra porter que sur la matinée des jours fériés; elle ne sera d'ailleurs accordée qu'en cas de nécessité absolue.

Enfin le projet interdit d'employer les jeunes ouvriers dans les mines et dans les établissements où l'on manipule des matières inflammables ou insalubres.

III. Inspection des fabriques. — La loi de 1873 a institué, pour veiller à l'application de ces prescriptions, des commissions locales composées d'ouvriers, de patrons, d'instituteurs et de médecins. Le projet de 1887 investit le Gouvernement du droit de nommer des inspecteurs de fabriques.

9° États-Unis.

Aucune loi fédérale ne règle le travail des femmes et des enfants aux États-Unis. Nous citerons à titre d'exemple deux des lois les plus récentes : l'une, de l'État de New-York (18 mai 1886), et l'autre, de l'État de la Louisiane (1er juillet 1886).

I. Enfants. — 1° *Age d'admission.* — Dans l'État de New-York, l'âge d'admission des enfants est fixé à 13 ans, et dans la Louisiane à 12 ans pour les garçons et 14 ans pour les filles.

2° *Durée du travail.* — Le travail ne doit pas durer plus de dix heures par jour dans la Louisiane, ni plus de soixante heures par semaine dans l'État de New-York.

II. Jeunes gens. — Dans l'État de New-York les jeunes ouvriers (de 16 à 18 ans) et les jeunes ouvrières (de 16 à 21 ans) sont soumis au même régime que les enfants. Dans la Louisiane les jeunes ouvriers (au-dessus de 18 ans) sont assimilés aux adultes ; les jeunes ouvrières sont traitées comme les enfants.

III. Femmes. — Dans l'État de la Louisiane les femmes ne peuvent travailler plus de dix heures par jour ; le patron doit mettre des sièges à leur disposition. Cette dernière prescription se retrouve dans la loi de l'État de New-York.

10° Hollande.

I. Définition des établissements soumis à la loi. — La loi du 5 mai 1889 définit, dans son article 1, sous le nom de travail industriel :

Tout travail exécuté dans les établissements industriels, excepté : 1° les travaux agricoles et horticoles, ceux de la culture forestière, de l'élevage du bétail ou de l'exploitation de la tourbe ; 2° les travaux s'exécutant en dehors des fabriques et ateliers de la personne chez laquelle l'ouvrier a son domicile.

Et l'article 2 définit sous le nom de fabriques et ateliers :

Tous les locaux tant ouverts que fermés dans lesquels s'exécutent régulièrement, au profit d'un établissement industriel, la fabrication, la transformation, la réparation, la décoration ou l'achèvement d'objets ou d'étoffes, l'appropriation de ces objets ou étoffes à la vente ou à un usage déterminé, ou dans lesquels on leur fait subir un traitement quelconque.

La présente loi ne s'applique pas aux cuisines et établissements où l'on prépare des mets et boissons pour les consommer immédiatement, ni aux pharmacies[1].

[1] L'article 23 déclare que les dispositions relatives à la limitation des heures de travail ne s'appliquent pas à la pêche, et que les pêcheurs habitant à

II. Enfants (au-dessous de 14 ans). — 1° *Age d'admission.* — L'âge d'admission au travail est fixé à 12 ans (art. 3).

Un règlement d'administration royale peut interdire aux enfants (art. 4) certains travaux insalubres ou dangereux.

2° *Durée du travail.* — Le travail des enfants ne peut pas durer plus de onze heures par jour, et il doit être compris entre 5 heures du matin et 7 heures du soir (art. 5, § 1). Des dérogations peuvent être accordées par règlement d'administration royale (art. 5, § 2), sans que la prolongation puisse dépasser 10 heures du soir (art. 5, § 3). Le commissaire royal peut, exceptionnellement et par un ordre écrit, donner l'autorisation (pour 6 jours de suite, ou, pour 15 jours, de 2 jours l'un) d'avancer de deux heures le commencement de la journée de travail, ou d'en reculer de deux heures le terme, ou de déplacer l'un et l'autre d'une heure chacun : toutefois la durée de la journée de travail ne doit jamais dépasser treize heures (art. 5, § 4). Un même patron ne peut obtenir une nouvelle autorisation de ce genre qu'après un délai de huit jours (art. 5, § 5).

Un repos de une heure doit interrompre le travail entre 11 heures du matin et 3 heures du soir (art. 6, § 1). Les enfants ne peuvent pas séjourner dans un atelier fermé pendant la durée de leur repos.

Le travail du dimanche est interdit (art. 7, § 1).

III. Jeunes gens (de 14 à 16 ans). — L'interdiction de certains travaux peut être formulée à l'égard des jeunes gens dans les mêmes conditions que pour les enfants (art. 4). La restriction formulée dans le paragraphe 3 de l'article 5, qui limite en tous cas la journée de travail à 10 heures du soir, ne s'applique pas aux jeunes gens : il en est de même de la limitation à une durée de treize heures, prescrite par le paragraphe 4 du même article 5.

Le paragraphe 3 de l'article 7 dispose qu'un règlement d'administration royale peut permettre que le travail des jeunes ouvriers se prolonge jusqu'à 6 heures du soir le dimanche, et le

bord peuvent faire travailler leurs enfants avant qu'ils aient atteint l'âge de 12 ans. — Aux termes du même article, les ateliers de famille sont dispensés de la déclaration que doit faire au bourgmestre tout chef d'entreprise qui occupe des ouvriers âgés de moins de 16 ans : il ne s'agit, d'ailleurs, que « des travaux exécutés par le patron dans sa demeure sans autre concours que celui de sa femme, de ses parents en ligne directe ou collatérale jusqu'au quatrième degré inclusivement ».

[illegible] établissements soumis [illegible] du 14 février 1886, complétée par [illegible] suivant, n'est relative qu'au travail des [illegible] aux ateliers industriels, aux [illegible] de la loi. Le paragraphe 1 de l'ordonnance [illegible] atelier industriel.

Tout lieu où des travaux [illegible] quel que soit [illegible] sera considéré comme atelier industriel [illegible] ouvriers au moins [illegible]

[illegible]

Le travail [illegible]

[illegible]

six heures. — Tout travail d'une durée de six heures consécutives devra être suivi d'un repos d'une heure pour le repas (§ 12).

III. Mesures préventives. — L'ordonnance prescrit, indépendamment de l'interdiction des travaux insalubres, une mesure d'hygiène : le paragraphe 13 défend de laisser séjourner les enfants, pendant leurs repas, dans les locaux où s'exécutent des travaux insalubres.

Elle formule en outre une prescription de sécurité : le paragraphe 10 interdit en effet qu'on occupe les enfants au nettoyage des mécanismes en marche.

IV. Inspection des fabriques. — L'inspection des fabriques est confiée (art. 5) aux ingénieurs des mines et aux inspecteurs de l'industrie qui sont armés des pouvoirs nécessaires à l'exercice de la surveillance dont ils sont chargés. Ils rédigent un rapport annuel.

13° Luxembourg.

I. Définition des établissements soumis a la loi. — La loi du Grand-Duché de Luxembourg du 6 décembre 1876 réglemente le travail des enfants, des jeunes gens et des femmes dans les fabriques et dans les mines, mais elle ne vise ni les exploitations agricoles ni les ateliers de famille.

II. Enfants (au-dessous de 14 ans). — 1° *Age d'admission.* — Aucun enfant âgé de moins de 12 ans ne doit être admis au travail.

2° *Durée du travail.* — La loi du 6 décembre 1876 conférait au Gouvernement le droit de déterminer la durée maxima du travail pour les ouvriers âgés de moins de 16 ans. Un arrêté du 23 août 1877 l'a fixée à huit heures pour les enfants au-dessous de 14 ans avec une tolérance de deux heures supplémentaires en cas de force majeure : de plus, aux termes de cet arrêté, tout enfant doit être muni d'un certificat d'instruction primaire pour être admis à travailler plus de six heures par jour.

III. Jeunes gens (de 14 à 16 ans). — L'arrêté du 23 août 1877 fixait à dix heures, avec une tolérance de deux heures supplémentaires, la durée maxima du travail des jeunes gens. Un arrêté, en date du 30 mai 1883, a porté ce chiffre à onze, moyennant la production d'un certificat médical d'aptitude physique.

Les jeunes garçons, au-dessous de 16 ans, ne doivent pas, aux termes de la loi du 6 décembre 1876, travailler dans les mines pendant la nuit. De plus, l'arrêté du 23 août 1877 interdit l'em-

[illegible] des adultes [illegible] travailleurs.

[illegible]

[illegible] Gouvernement [illegible] fabrique [illegible]

13° Norvège.

[illegible] la loi du 21 décembre 1881, que nous avons déjà mentionnée (voir page 383), réglemente le travail des femmes et des enfants.

I. Enfants (au-dessous de 18 ans). — 1° *Age d'admission.* — Un enfant ne doit être admis au travail que s'il est âgé de 12 ans et muni d'un certificat d'aptitude physique (art. 17). Le travail souterrain dans les mines est interdit aux garçons de moins de [illegible] ans et aux filles au-dessous de 18 ans (art. 22).

2° *Durée du travail.* — Le travail ne doit pas durer plus de [illegible] heures et demie ; il doit être compris entre 6 heures du matin et 9 heures du soir (art. 19). Les enfants doivent avoir [illegible] heure de repos dans la matinée et une demi-heure dans l'après-midi ; ils ne peuvent séjourner pendant ce temps dans les [illegible] qu'avec l'autorisation de la commission de surveillance [illegible] Le travail de nuit leur est interdit [illegible] industries. Le travail du dimanche [illegible] adultes (voir ci-dessus, [illegible]).

II. Femmes. — Les femmes [illegible] employées pendant [illegible] travail du dimanche [illegible] aux enfants [illegible]

15° Portugal.

I. [illegible] la loi déposée [illegible] juillet 1887 par M. Navarro, ministre des [illegible] [illegible] écoles professionnelles [illegible] (art. 1).

II. Enfants (au-dessous de 16 ans). — 1° *Age d'admission.* [illegible] la présentation d'un certificat médical [illegible] d'instruction [illegible], les enfants peuvent être admis [illegible] à l'âge de 10 ans. Ils ne sont reçus qu'à 14 ans dans les mines : les filles, ne sont, pas plus que les femmes, admises aux travaux souterrains (art. 10).

2° *Durée du travail.* — Le travail des enfants âgés de moins de 12 ans ne doit durer que six heures, et celui des enfants de moins de 16 ans, dix heures non consécutives (art. 3).

Le travail du dimanche leur est défendu, excepté dans les établissements à feu continu (art. 4).

Le travail de nuit est interdit aux enfants au-dessous de 12 ans (art. 7). Les enfants de 12 à 16 ans peuvent travailler la nuit, mais seulement dans les industries désignées par la loi, et jamais deux nuits de suite : la durée du travail de jour et celle du travail de nuit ne doivent pas surpasser dix heures, avec trois repos intermédiaires (art. 6 à 9). Le travail de nuit, dans les mines, est formellement interdit aux ouvriers au-dessous de 16 ans.

III. Femmes. — Les femmes ne peuvent être employées pendant la quinzaine qui suit leur accouchement. De plus, chaque usine doit contenir une crèche (art. 20).

IV. Inspection des fabriques. — Des inspecteurs de fabriques, au nombre de cinq, sont, aux termes du projet, chargés de la surveillance des établissements industriels. Ils adressent un rapport annuel à la direction générale du commerce (art. 33 et suivants).

16° Roumanie.

Le projet de loi sur les métiers (du mois de septembre 1888) ne s'occupe que du travail des enfants.

Enfants (au-dessous de 14 ans). — 1° *Age d'admission.* — Les enfants âgés de moins de 12 ans ne doivent pas être admis dans les fabriques (art. 92).

2° *Durée du travail.* — Les enfants âgés de moins de 14 ans ne peuvent travailler que pendant une durée de six heures, interrompue par un repos de une heure et demie (art. 92 et 93). La journée de travail doit être comprise entre 5 heures et demie du matin et 8 heures et demie du soir.

17° Russie.

Une loi Russe[1], dont le texte, adopté par le Conseil de l'Empire le 24 avril 1890, a reçu, le 6 mai suivant, la sanction impériale,

[1] Voir Annexe IV (page 68), le texte de cette loi.

vient d'achever l'œuvre entreprise dès le 1er juin 1882 en vue de réglementer le travail des enfants et des femmes dans les fabriques.

I. Enfants (au-dessous de 15 ans). — 1° *Age d'admission.* — L'âge d'admission est fixé à 12 ans. Le ministre de l'intérieur et le ministre des finances arrêtent de concert la liste des industries insalubres ou dangereuses dans lesquelles le travail des mineurs doit être interdit en vertu de l'article 116 du Code de commerce.

2° *Durée du travail.* — Aux termes de la loi du 1er juin 1882, le nombre total d'heures de travail par jour ne doit pas dépasser huit heures, à raison de quatre heures de suite au maximum. Par exception, la nouvelle loi autorise le travail pendant six heures consécutives; mais, dans ce cas, la durée du travail ne doit pas excéder six heures en vingt-quatre heures (art. 1, § 1)[1].

Le travail de nuit (de 9 heures du soir à 5 heures du matin)[2] est interdit par la loi du 1er juin 1882. Le paragraphe 1er de la nouvelle loi dispose que, dans les verreries, les enfants peuvent travailler la nuit pendant six heures, à condition que ce travail soit suivi de douze heures de repos.

Le travail du dimanche, qui était interdit par la loi du 1er juin 1882, peut être autorisé à titre d'exception, aux termes de la nouvelle loi (art. 1, § 3).

II. Jeunes gens (de 15 à 17 ans). — Les jeunes ouvriers (art. 1, § 4) ne doivent pas travailler la nuit[3] (de 9 heures du soir à 5 heures du matin), dans une série d'industries que la loi énumère. Cette interdiction peut être levée, en cas d'urgence (ou, en toute circonstance, dans les ateliers de famille), par les chambres de

[1] Le paragraphe 6 de l'article 1er autorise une durée de travail de neuf heures par jour dans les établissements qui sont en marche pendant dix-huit heures consécutives : aucune période de travail ne doit, d'ailleurs, dépasser dans ce cas une durée de quatre heures et demie.

[2] Dans les établissements qui sont en activité pendant dix-huit heures consécutives, l'interdiction du travail de nuit ne porte que sur la période comprise entre 10 heures du soir et 4 heures du matin (art. 1, § 6, de la nouvelle loi).

[3] Une loi du 3 juin 1885 avait interdit, à titre d'essai, le travail de nuit aux femmes et aux ouvriers de moins de 17 ans dans les filatures et les fabriques de toile et de lainage. La période d'application de cette loi se terminant au 15 octobre 1888, un décret impérial renouvela la mesure quelques jours avant l'expiration de ce délai. L'exception formulée par l'article 1 (§ 6) de la nouvelle loi, qui vient d'être signalée pour les enfants, s'applique aux femmes et aux jeunes gens.

[illegible] par jour [illegible] moyenne [illegible]
[illegible] lorsque nous valons [illegible]
[illegible] quatre heures [illegible].

[illegible] — L'inspection des fabriques [illegible] par la loi du 17 juin 1882, n'ayant pas été modifiée [illegible] de la loi, nous nous contenterons de rappeler que les inspecteurs sont assistés dans leur mission par l'autorité locale et [illegible] les règlements destinés [illegible] des établissements industriels.

[illegible]

[illegible] du 18 [illegible] 1881 et du 22 mai 1883 relatives [illegible] usines métallurgiques [illegible]

[illegible]

[illegible] la période de travail doit être [illegible] avec une interruption de une demi-heure [illegible]. Ils ne doivent pas séjourner pendant leur repos dans les salles de travail.

Le travail de nuit leur est interdit [illegible]. Il en est de même du travail du dimanche et des jours fériés.

[illegible] jeunes gens (de 14 à 18 ans). — Les jeunes ouvriers ne doivent travailler, aux termes de l'article [illegible] de l'ordonnance de [illegible], que dix heures par jour et avec deux heures de repos, entre [illegible] heures du matin et 8 heures du soir.

Le travail du dimanche leur est interdit.

[illegible] L'ordonnance de 1883, relative aux usines métallurgiques, permet de les employer pendant douze heures, aussi bien pendant la nuit que durant le jour ; mais ils ne doivent travailler [illegible] et se reposer pendant huit heures entre [illegible] — L'interdiction de séjourner dans les salles de travail pendant les repos est, d'ailleurs, levée par cette ordonnance.

[illegible] — Le travail des mines est interdit non seulement [illegible] âgés de moins de 18 ans, mais encore aux femmes. [illegible] du travail du dimanche [illegible].

10° [illegible]

[illegible] du 23 mars 1877, dont il a déjà été question plus haut, est assez connue de tous ceux qui s'occupent de la législation du travail pour qu'il suffise de la résumer en quelques lignes.

I. Enfants. — 1° *Age d'admission.* — L'âge d'admission au travail est fixé à 14 ans (art. 16).

2° *Durée du travail.* — Les conditions du travail des jeunes ouvriers de 14 à 18 ans sont celles que nous avons indiquées plus haut pour les adultes (V. page 25).

II. Femmes. — Le travail de nuit et le travail du dimanche sont absolument interdits aux femmes (art. 15, § 1). La durée de leur travail est fixée comme celle du travail des hommes. Toutefois, celles qui ont un ménage ont droit à une demi-heure de repos avant l'interruption du travail du milieu du jour si cette interruption n'a pas une durée de une heure et demie (art. 15, § 2).

Elles ne doivent pas travailler six semaines après leurs couches ni deux semaines avant (art. 15, § 2).

TROISIÈME PARTIE

COMPARAISON ENTRE LES DIVERSES LÉGISLATIONS.

Les diverses législations qui viennent d'être étudiées présentent entre elles des différences et des analogies dont l'appréciation est plus facile à l'inspection d'un tableau d'ensemble qu'à la lecture de développements étendus. C'est sous cette forme que nous avons cherché à mettre en lumière les éléments essentiels de cette comparaison (Voir le tableau Annexe V, page [illegible])[1]. Mais, si les colonnes de ce tableau relatives aux conditions du travail des enfants, des jeunes gens et des femmes peuvent se passer de commentaires, il n'en est pas de même de celles qui résument les prescriptions d'hygiène et de sécurité imposées aux adultes. Nous signalerons, dans ce dernier ordre d'idées, les tendances opposées auxquelles les différents législateurs ont obéi. Quelques uns ont considéré que la sécurité du travailleur doit faire seule l'objet d'une réglementation, et, assimilant l'hygiène des ateliers à celle des habitations en général, ils ont laissé de côté les mesures de salubrité qui sont du domaine du médecin, pour ne formuler que les mesures préventives qui relèvent de l'art de l'ingénieur. [illegible]

[1] Dans ce tableau nous avons joint aux dispositions législatives en vigueur ou en préparation chez les différents peuples, l'expression des vœux [illegible] par la Conférence internationale réunie à Berlin en 1890.

loi danoise du 12 avril 1889 est le type des législations de ce genre. Parmi ceux qui ont prescrit à la fois des mesures de sécurité et des mesures de salubrité, les uns ont cru nécessaire de formuler dans la loi toutes les prescriptions auxquelles les ouvriers et les patrons doivent se conformer : les lois américaines et la loi suédoise du 10 mai 1889 ont été rédigées sous l'influence de ces préoccupations. Les autres se sont bornés à signaler les principaux dangers et à tracer dans leurs grandes lignes les moyens de les conjurer, laissant aux pouvoirs publics ou à l'initiative privée le soin de prescrire les mesures de détail; c'est ainsi que la loi italienne du 11 février 1886 a été précisée et complétée par l'ordonnance du 17 septembre de la même année; de même le projet de loi allemand du 6 mai 1890 n'enlève pas aux corporations le droit de formuler les règlements préventifs pour les établissements affiliés à ces associations. C'est cette dernière solution qui nous paraît la meilleure : la législation française l'a déjà appliquée avec succès : il suffira de rappeler à cet égard l'exemple de la loi du 15 juillet 1845, relative aux chemins de fer, qui a su créer de toutes pièces, pour une industrie naissante, un ensemble de règles dont les dispositions, malgré les progrès accomplis, satisfont encore aux conditions actuelles de l'exploitation. Une loi simple, complétée par des règlements émanant, soit des représentants de l'État, soit mieux encore des industriels eux-mêmes librement associés, tel est, à nos yeux, le plus sûr moyen de donner aux prescriptions législatives l'élasticité à défaut de laquelle l'application de la loi ne tarderait pas à devenir ou impraticable ou illusoire.

Juin 1890.

ANNEXES.

ANNEXE I.

Loi de la colonie australienne de Victoria, du 18 décembre 1885[1].

(Articles 20 à 26.)

Art. 20. — Afin d'assurer l'exécution des prescriptions de la présente loi relatives à la propreté dans les manufactures et ateliers, toutes les parois intérieures des murs des chambres, les plafonds et les combles (que ces murs,

[1] Traduction par Maurice Bellom. — On a cru devoir, dans cette traduction, suivre d'aussi près que possible le texte anglais en conservant les locutions et expressions qui lui sont propres.

plafonds et combles soient ou non recouverts d'un enduit) et tous les passages et escaliers, s'ils n'ont pas été peints à l'huile ou vernis au moins une fois tous les sept ans, seront blanchis à la chaux ou lavés avec quelque autre lessive, liquide ou matière approuvée par l'inspecteur-chef, une fois au moins tous les quatorze mois à dater de l'époque du dernier lavage, et, s'ils ont été peints ou vernis, ils seront lavés à l'eau chaude et au savon une fois au moins tous les quatorze mois à dater de l'époque du dernier lavage.

Une manufacture ou un atelier qui présentera une infraction aux dispositions de cet article sera considéré comme n'étant pas tenu en conformité de la présente loi. Cette prescription ne s'appliquera point, d'ailleurs, aux forges, aux fabriques d'instruments agricoles, aux ateliers de charronnage, aux fonderies, aux moulins à farine, aux scieries, aux moulins à os, aux tanneries, aux corderies, aux fonderies, aux établissements de coupe de foin et de paille de blé, de battage du blé, de lavage de la laine ni aux fabriques de chaudières.

Lorsque le ministre juge que, dans quelque classe de manufactures ou ateliers ou dans une partie de ces établissements, les prescriptions de cet article ne sont point nécessaires pour y assurer l'observation des mesures de propreté, ou qu'elles sont inapplicables en raison de circonstances spéciales, il peut, s'il le juge convenable et sur l'avis conforme du bureau central de santé, formuler en faveur de cette classe d'établissements ou d'une partie de ces établissements, une exception particulière.

Art. 21. — Aucune personne âgée de moins de 18 ans ni aucune femme ne pourra (à l'exception du samedi et des cas où le ministre considère, après enquête, que les nécessités de l'industrie exigent la suspension des mesures prescrites par cet article) être employée dans une manufacture ou un atelier plus de cinq heures de suite, sans une interruption d'au moins une demi-heure pour un repas. Si, d'ailleurs, le ministre juge que les exigences de l'industrie réclament une dispense, il pourra suspendre l'application de cette prescription; une telle dérogation sera notifiée sous sa signature et insérée au Journal officiel (Government Gazett); cette disposition ne s'applique pas aux imprimeries de journaux.

Art. 22. — Aucune personne employée dans une manufacture ou un atelier ne pourra prendre son repas dans une salle où s'effectue une opération mécanique ou manuelle, ni dans une salle où des ouvriers sont occupés, toutes les fois qu'il s'agira d'un local fermé et que l'inspecteur n'aura pas délivré un certificat attestant que l'établissement jouit d'une tolérance exceptionnelle.

[Dans le cas d'industries insalubres, le patron devra fournir un local convenable où les ouvriers prendront leurs repas].

Art. 23. — Si une boulangerie est située dans une ville ou dans un bourg, toutes les parois intérieures des murs des chambres, les plafonds et les combles (que ces murs, plafonds et combles soient ou non recouverts d'un enduit) et tous les passages et escaliers seront peints à l'huile ou vernis ou blanchis à la chaux ou lavés avec quelque autre lessive, liquide ou matière approuvée par l'inspecteur-chef, ou seront partiellement peints ou vernis et partiellement blanchis; s'ils sont peints à l'huile ou vernis, ils devront recevoir trois couches de peinture ou de vernis, et la peinture ou le vernis sera renouvelé au moins tous les sept ans et lavé à l'eau chaude et au savon au moins tous les six mois; s'ils sont blanchis, le blanchissage sera renouvelé au moins une fois tous les six mois.

Une boulangerie qui présentera une infraction aux dispositions de cet article sera considérée comme n'étant pas tenue en conformité de la présente loi.

Art. 24. — Si une boulangerie se trouve dans une ville ou dans un bourg, une pièce située au niveau du fournil et faisant partie du même bâtiment ne pourra servir de chambre à coucher à moins qu'elle ne satisfasse aux conditions suivantes :

1° Elle doit être effectivement séparée de la boulangerie par une cloison allant du plafond au plancher;

2° Elle doit avoir une fenêtre vitrée donnant sur l'extérieur, d'une superficie de neuf pieds au moins, dont quatre et demi pouvant s'ouvrir pour la ventilation.

Art. 25. — Si l'on pratique dans quelque manufacture ou atelier la mouture, le polissage ou le finissage sur une meule ou bien quelque opération produisant des poussières dont l'absorption présente des dangers pour les ouvriers, et si l'inspecteur pense que ce péril pourrait être en grande partie conjuré à l'aide d'un ventilateur ou de quelque autre appareil mécanique, cet inspecteur peut ordonner l'installation, dans un délai raisonnable, d'un ventilateur ou d'un appareil mécanique convenable, et si ces appareils ne sont pas installés, entretenus et employés, la manufacture ou l'atelier sera considéré comme n'étant pas tenu en conformité de la présente loi.

Art. 26. — Aucune femme ni aucune personne de moins de 18 ans ne sera employée dans une partie d'un atelier ou d'une manufacture où s'opère le filage au mouillé, à moins que des dispositions convenables ne soient appliquées et entretenues pour empêcher les ouvriers d'être mouillés ou, (lorsque l'on emploie de l'eau chaude), pour prévenir l'échappement de la vapeur dans la pièce occupée par les ouvriers.

Une manufacture ou un atelier qui présentera une infraction aux prescriptions de cet article sera considéré comme n'étant pas tenu en conformité de la présente loi.

Deuxième cédule de la loi de la colonie australienne de Victoria.

Prescriptions d'hygiène.

Manufactures et ateliers dans lesquels l'emploi des personnes âgées de moins de 18 ans est l'objet d'une restriction.

1° Une personne de moins de 18 ans ne peut pas être employée dans la partie d'une manufacture ou d'un atelier où s'opèrent l'étamage des glaces au mercure et la fabrication du blanc de céruse.

2° Un garçon de moins de 14 ans ou une fille de moins de 18 ans ne peut pas être employée dans la partie d'une manufacture ou d'un atelier où l'on fond ou recuit le verre.

3° Une fille de moins de 16 ans ne peut pas être employée dans une manufacture ou atelier où s'exécutent :

a) La fabrication ou le finissage des briques et des tuiles qui ne sont pas des tuiles d'ornement;

b) La fabrication ou le raffinage du sel.

4° Une personne de moins de 16 ans ne peut pas être employée dans une partie d'une manufacture ou d'un atelier où s'exécutent :

a) Le polissage à sec des métaux ;

b) Le trempage des allumettes.

5° Une personne de moins de 14 ans ne peut pas être employée dans un atelier de polissage de métaux (même autre que le polissage à sec), ni dans un atelier de taille de limes.

ANNEXE II.

Loi danoise du 12 avril 1889 sur les mesures à prendre pour prévenir les accidents pouvant résulter de l'emploi des machines, etc.[1]

TITRE I. — *Article 1.*

« Les dispositions de la présente loi sont applicables à toute machine dont « l'emploi peut mettre en danger la vie ou la santé des personnes qui la des- « servent, soit qu'il est mise en mouvement ou par une machine motrice fonc- « tionnant à l'aide de vapeur, de gaz, d'air chaud, de vent, d'eau, ou par une force « animale employée dans une manière à [illegible]. Elles sont applicables [illegible] « aux machines opératrices elles-mêmes qu'à la machine motrice et aux roues, « pignons, essieux, courroies ou cordes ainsi qu'aux conduits électriques, etc., au « moyen desquels la force motrice est transmise aux machines opératrices. »

Article 2.

« *a*. Les machines opératrices devront être construites et établies et leurs « parties courantes être encloses et couvertes de sorte que les travailleurs qui « les desservent ne soient que par suite d'imprudence exposés à se trouver en « contact avec les parties courantes, soit pendant leurs travaux ordinaires, soit « en passant.

« *b*. Lorsque les parties courantes de l'appareil au moyen duquel la force « motrice est transmise de la machine motrice aux machines opératrices ne « sont point établies à hauteur de six pieds, au moins, au-dessus du plancher, « elles devront être encloses ou couvertes de sorte que les travailleurs qui cir- « culent dans le lieu de travail ne puissent que par suite d'imprudence se trouver « en contact avec elles. Les arbres horizontaux et verticaux ne devront point « présenter de saillies, telles que jointures, têtes de vis, clous, clavettes, etc., « à moins que ces saillies ne soient suffisamment recouvertes, même dans le « cas où les arbres en question seraient placés à plus de six pieds au-dessus du « plancher. Les conduits électriques devront être dûment isolés.

« Dans les moulins, les montées et les escaliers devront être convenablement « garantis contre toute partie courante ; toutefois, cette disposition ne sera ap- « plicable aux vieux moulins qu'autant que cela se pourra sans entraver [illegible] « exploitation du moulin et sans changer la construction du moulin ou de ses « rouages.

« *c*. Lorsque la machine motrice se trouve établie dans le même local que [illegible] « travailleurs circulent, elle devra être enclose de sorte que nul autre [illegible]

[1] Document présenté en langue française à la Conférence internationale de Berlin en 1890 par le ministre danois de l'Intérieur.

« leur que ceux qui desservent la machine motrice ne puisse se trouver en contact avec ses parties courantes.

« Dans les manèges à colliers, tous engrenages, pignons, etc..., devront être couverts à moins qu'ils ne soient placés à hauteur de six pieds au-dessus de la carrière.

« Toute cavité dans laquelle se meut un volant, une roue motrice ou une poulie, et qui ne serait point autrement garantie, devra être solidement enclose près du bord.

« Les roues mues par l'eau ainsi que les turbines, les limaces et autres moteurs et appareils élévateurs hydrauliques semblables devront être dûment enclos, et dans l'eau affluente il sera placé un treillage solide avec une distance maxima de 3″ entre les barreaux; s'il y a un cours d'eau entre le treillage et l'appareil servant à transmettre la force motrice aux machines opératrices, il devra être couvert.

« Les moulins à vent devront être entourés d'une balustrade solide, de sorte que toute personne autre que celles employées à l'exploitation du moulin ne puisse que par suite d'une imprudence se trouver en contact avec les ailes.

« Dans les cas où la libre exploitation des machines ou la nature du travail rendraient particulièrement difficile l'exécution des dispositions contenues dans ce paragraphe, l'inspection pourra y apporter des modifications.

Article 3.

« A l'avenir, dans les constructions nouvelles, les couloirs destinés à la circulation et pratiqués dans les lieux où se trouvent les machines, devront avoir une largeur et une hauteur telles que les travailleurs qui y circulent ne puissent que par suite d'imprudence être exposés à se trouver en contact dangereux avec les parties courantes des machines. Cette disposition est également applicable aux constructions existant à l'heure qu'il est, à moins que cela ne rende nécessaire une reconstruction ou un changement notable de l'organisation de l'édifice. Toutefois, il sera assigné à la personne intéressée pour la mise à exécution du changement prescrit, un délai proportionné aux circonstances.

« Tout autre interstice entre les machines devra être suffisamment barré, tant que les machines seront en mouvement, pourvu que le libre mouvement de la machine ne s'en trouve point entravé; ce dont l'inspection pourra décider après s'être concertée à cet effet avec le propriétaire.

Article 4.

« Les enfants n'ayant pas accompli leur dixième année ne pourront être employés aux machines d'agriculture mentionnées dans la présente loi que sous la surveillance immédiate et constante du père ou de la mère. Toutefois cette disposition ne s'applique point à l'emploi des enfants pour conduire dans les manèges à colliers.

« Les enfants et les jeunes gens n'ayant pas accompli leur seizième année ne pourront être employés à desservir les chaudières à vapeur ni les machines qui, aux termes d'une ordonnance, auraient été qualifiées de dangereuses, ni à se charger, relativement aux machines, d'opérations qui demandent une précaution particulière, telles que le nettoiement, le graissage et l'inspec-

« tion des différentes parties de la machinerie, tant que celle-ci est en mou-« vement, ainsi que l'application des courroies, cordes, etc..., sur les plaques « rotatives en mouvement, à moins qu'il ne soit fait usage d'appareils spé-« ciaux, appropriés à ces opérations.

Article 5.

« La machine motrice ne pourra être mise en mouvement avant que les tra-« vailleurs en aient été avertis par un signal, qui pourra être entendu dis-« tinctivement dans tous les lieux de travail où il y a des machines à mettre « en mouvement, et qu'il ait été répondu à ce signal par un contresignal « distinct, à moins que chaque machine opératrice ne soit construite de ma-« nière à pouvoir être dégagée de sa correspondance avec la machine motrice.

« De tout lieu du travail où il est fait usage de machines mises en mouvement « par la machine motrice, et où il ne se trouve point d'appareil par le moyen « duquel chaque travailleur puisse immédiatement dégager toutes les machine. « de leur corespondance avec la machine motrice, il devra y avoir moyen « d'avertir cette dernière par un signal d'arrêt; et si la machine motrice est « mise en mouvement par une force animale et que la corespondance entre le « manège à colliers et la machine opératrice ne soit pas interrompue autrement, « elle sera dételée aussitôt que le signal d'arrêt aura été donné par la voix ou « par un autre moyen, et il ne pourra être attelé que lorsque l'ordre aura été « donné, par la voix ou par un autre moyen, de mettre la machine en « activité.

« Lorque la machine motrice dessert plusieurs exploitations séparées, il « devra y avoir moyen d'arrêter, dans chacune de ces exploitations, l'appareil « servant à transmettre la force motrice aux machines opératrices, soit que la « machine motrice continue à fonctionner ou non.

« Tant que les machines seront en mouvement, il ne pourra être procédé au « nettoiement, au graissage et à l'inspection qu'autant que ces opérations « pourront se faire sans écarter les enclos, etc..., mentionnés à l'article 2, et sans « que les vêtements des travailleurs se trouvent en contact avec les parties « courantes de la machine. Les femmes ne pourront être employées à ces « opérations.

Article 6.

« Pendant tout le temps du travail, tout lieu de travail où se trouve une ma-« chine desservie par des travailleurs devra être éclairé, artificiellement, au « besoin, de manière à permettre d'observer distinctement toutes les parties « courantes de la machine qui, pendant l'exploitation, pourraient être dange-« reuses pour les travailleurs. Dans les lieux de travail où règnent ou se dé-« veloppent des airs explosibles ou facilement inflammables, des vapeurs ou de « la poussière, l'éclairage artificiel devra être établi avec les précautions né-« cessaires.

« Les planchers des lieux de travail en proximité des machines ainsi que « des cavités dans lesquelles se meuvent des parties de l'appareil de transmis-« sion, devront être conservés propres de manière que l'huile et le graissage ne « puissent les rendre glissants, ou bien ils devront être couverts de sable ou « d'autres matières semblables.

« Dans les établissements où la cuisson ou la fonte se font dans de grands

« plusieurs suppléants, selon la décision de la municipalité, pour se charger de « ces fonctions, au cas que le contrôleur soit empêché.

« Les contrôleurs sont élus pour trois ans, mais peuvent être réélus. Aucune « personne ayant accompli sa soixantième année n'est tenue d'accepter la nomi- « nation de contrôleur ; de même, quiconque aura été contrôleur pendant trois « années de suite, aura le droit de refuser une nouvelle nomination jusqu'à l'ex- « piration d'un délai de trois ans. D'ailleurs, la question de savoir si une per- « sonne a un motif valable pour décliner la nomination de contrôleur, sera ré- « solue par la muncipalité urbaine ou paroissiale, mais la personne intéressée « pourra appeler de cette sentence au Ministre de la Justice ou à la municipalité « départementale, suivant le cas.

« Nul contrôleur ne peut effectuer le contrôle dont il s'agit, s'il est parent, « aussi proche que cousin-germain, ou allié de celui qui exploite la machine, « ou s'il est intéressé lui-même.

« La municipalité peut révoquer les contrôleurs. Toutefois, il sera loisible à « la personne révoquée de soumettre sa cause au Ministère de la Justice ou à la « municipalité suivant le cas.

« Les contrôleurs nommés par les municipalités toucheront une rétribution « annuelle de 35 öre pour chaque machine à contrôler ; toutefois, si une ex- « ploitation a 3 ou plus de 3 machines, la rétribution totale pour ces machines « ne pourra dépasser 1 cour. La commune paroissiale (pour Bornholm, il en « est de même de la commune urbaine) supporte provisoirement ces frais, « qui lui sont remboursés, lors de l'établissement du compte annuel, par la « commune départementale, qui, à son tour, reçoit du fisc le remboursement « de la moitié de ces frais. Les autres communes urbaines supportent de même « préalablement les frais, dont la moitié leur est remboursée par le fisc lors de « l'établissement du compte annuel.

Article 16.

« La question de savoir si une exploitation fait partie des fabriques et des « ateliers et lieux de travail exploités en fabriques, sera résolue par le Ministre « de la Justice.

« En cas de dissension entre l'inspection et le propriétaire de la machine « relativement aux stipulations de la présente loi avec les ordonnances qui s'y « rapportent, la question en litige sera résolue par le Ministère de la Justice, « après que le propriétaire aura eu l'occasion de se prononcer sur la « question.

« L'inspection a accès à chaque partie des lieux de travail à toute heure « de jour et de nuit, lorsque quelqu'un y est occupé.

Article 17.

« Dans tous les lieux de travail assujettis au contrôle de l'inspection des fa- « briques, il devra se trouver un registre, dans lequel l'inspection, après avoir « fini son examen, consignera les mesures qu'elle aura ordonnées en vertu de « la présente loi et des ordonnances qui s'y rapportent, ainsi que le délai avant « l'expiration duquel ces mesures devront être exécutées.

Article 18.

« Il sera délivré aux contrôleurs nommés par les municipalités un registre

« fourni aux frais de la commune et autorisé par la municipalité, dans lequel « ils consigneront les mesures qui seront prises en vertu de la présente loi et « des ordonnances qui s'y rapportent, ainsi que le délai avant l'expiration « duquel ces mesures devront être exécutées.

Article 19.

« L'inspection devra immédiatement signaler à la police compétente les con- « traventions qu'elle aura constatées.

« Tout médecin qui soignera une personne blessée en faisant usage d'une « machine, devra immédiatement en informer la police, et remplir et expédier, « conformément à l'ordonnance ultérieure du Ministre de la Justice, les formules « qui lui seront livrées pour la consignation des personnes de ladite catégorie « auxquelles il aura donné ses soins.

« De même, toute personne exploitant une machine devra immédiatement « adresser une notification à la police, si cette exploitation donne lieu à quel- « que accident qui entraîne la mort de quelqu'un ou des blessures dangereuses.

Titre III. — *Article 20.*

« Les contraventions à cette loi ou aux ordonnances qui s'y rapportent seront « punies d'amendes de 10 à 400 cour., si elles ne donnent pas lieu à de plus « fortes peines d'après les règles générales de la législation; toutefois, lorsqu'il « s'agit de machines qui, sans faire partie des fabriques et des ateliers et lieux « de travail exploités en fabriques, sont mises en mouvement par l'eau, le « vent ou une force animale, l'amende pourra être abaissée à 4 cour. Les causes « intentées au sujet des contraventions seront traitées comme affaires de police « publique. Les amendes seront versées à la caisse des pauvres.

« Celui qui se sera rendu coupable d'une contravention, que ce soit le pa- « tron, son gérant, son chef d'atelier ou le surveillant de chaque branche de « l'exploitation, sera seul rendu responsable de toute conséquence de la con- « travention.

Article 21.

« Pour les machines appartenant à l'État, il incombera aux autorités com- « pétentes de tenir la main à ce que des dispositions analogues aux prescrip- « tions de la présente loi et des ordonnances qui s'y rapportent, soient mises en « vigueur et observées.

« La présente loi sera mise en vigueur six mois après la publication du nu- « méro du *Bulletin des lois* qui l'aura portée à la connaissance du public; tou- « tefois, le Ministère est autorisé à nommer l'inspection ou une partie de « l'inspection avant ce terme.

« Dans le cas où la mise à exécution de la loi présenterait des difficultés par- « ticulières pour certaines fabriques ou exploitations, le Ministère de la Justice « pourra ajourner, pour ces fabriques ou exploitations, la mise à exécution de « toutes les dispositions de la loi ou d'une partie de ces dispositions.

« Le Gouvernement est autorisé à mettre la loi en vigueur aux îles Féroë, « par le moyen d'une ordonnance royale, avec les modifications qui seront « jugées opportunes, en considération des circonstances particulières à ces îles.

Article 22.

« La présente loi n'est point applicable aux machines établies dans les ba-

« teaux à vapeur ou dans les locomotives de voie ferrée ou de chemins de « fer américains. »

ANNEXE III.

Loi suédoise du 10 mai 1889 relative à la protection contre les dangers de l'industrie[1].

Article 1er.

Sont compris, aux termes de la présente loi, sous le nom d'établissements industriels, les scieries qui ont le caractère d'une entreprise industrielle et les chantiers de bois y attenant, les travaux souterrains ou entreprises assimilables qui ne peuvent pas être considérées comme exploitations de mines, les usines ou hauts-fourneaux, les forges ou établissements analogues qui ont pour objet la production ou l'enrichissement des produits minéraux et qui ne sont pas assimilables à des ateliers de travaux manuels, les fabriques, les chantiers de constructions navales, les ateliers de tailleurs de pierre, les métairies, les brasseries, les moulins, ainsi que les ateliers que leur élévation ou leur superficie permet de ranger au nombre des fabriques, les imprimeries, les distilleries et autres entreprises assimilables aux travaux de fabriques.

Article 2.

§ 1. Tout chef d'industrie qui tombe sous le coup de l'application de la présente loi, doit installer tous les dispositifs qui, eu égard aux emplacements affectés au travail, aux machines et aux outils, ou en raison de la nature du travail, sont nécessaires pour assurer la santé et la vie des ouvriers qu'il emploie.

§ 2. C'est dans ce but que les prescriptions suivantes sont formulées :

a) Les emplacements où les ouvriers sont exposés à faire une chute ou à souffrir de celle d'objets placés au-dessus d'eux, doivent être pourvus des dispositifs que comporte la nature des travaux qui y sont pratiqués ; par exemple, les excavations, les échafaudages, les passages supérieurs, les montecharges et appareils analogues doivent être munis de clôtures ; les escaliers doivent être pourvus de rampes.

b) Les montecharges, grues ou machines de secours analogues doivent porter l'indication de leur puissance évaluée en poids et (s'ils sont affectés au service du personnel) en nombre de personnes transportables simultanément sans danger.

c) Les cuves, bassins et autres récipients ouverts que leur situation, leur contenu ou leur profondeur rendent particulièrement dangereux, doivent être, autant que possible, soigneusement clôturés.

d) Partout où l'on est menacé du danger d'incendie, on doit prendre les mesures nécessaires au sauvetage des ouvriers en cas de sinistre : escaliers incombustibles, nombre suffisant d'issues et de fenêtres faciles à ouvrir, échelles de sûreté, etc., toutefois la prescription relative aux escaliers incombustibles ne doit s'appliquer aux fabriques et ateliers déjà existants qu'autant que l'installation n'entraîne pas des difficultés ou des dépenses exagérées.

[1] Traduction par Maurice Bellom.

e) Les passages de circulation, dans les locaux affectés au travail, doivent avoir une largeur et une hauteur suffisantes pour que les ouvriers d'une prudence ordinaire ne puissent être atteints par les machines en mouvement.

f) Les moteurs qui, au lieu d'être installés dans des bâtiments distincts, se trouvent dans les locaux affectés au travail, doivent être entourés ou disposés de telle sorte que les ouvriers qui ne sont pas attachés au service de ces appareils, ne soient pas exposés au danger d'être atteints par les pièces en mouvement.

g) Les machines et les transmissions qui présentent quelque danger doivent être entourées ou disposées de telle sorte que toute cause d'accident soit écartée dans la mesure du possible; elles doivent être suffisamment éclairées aux points où les ouvriers peuvent les toucher, pour qu'il soit aisé de les distinguer pendant leur marche.

h) Avant que les transmissions ne soient mises en marche par un moteur, un avertissement convenu doit être donné dans les locaux affectés au travail; si un même moteur distribue la force à plusieurs étages ou dans plusieurs locaux, il faut, ou bien que la transmission principale de chaque local puisse être arrêtée indépendamment du moteur, ou bien que chaque local puisse envoyer à ce moteur le signal d'arrêt.

i) Les machines-outils à allure rapide doivent, toutes les fois qu'il sera possible, être munies de dispositifs permettant de les réduire au repos immédiatement et indépendamment du moteur; des mesures spéciales doivent être prises pour la pose et l'enlèvement des courroies de transmission dans le cas où cette opération présente quelque danger.

j) Des dispositifs de sécurité doivent être installés, dans la mesure du possible, pour le nettoyage et le graissage des transmissions ou des machines en marche.

§ 3. De plus, si le travail s'opère dans un local fermé, ou si la nature de ce travail l'exige, les prescriptions suivantes devront être observées :

1° Tout ouvrier occupé à ce travail doit avoir un cube d'air suffisant (sept mètres cubes au moins) : le renouvellement de l'air doit être satisfaisant; toutefois, dans les fabriques et ateliers qui existent déjà et qui possèdent des dispositifs assurant le renouvellement de l'air, un moindre cube d'air pourra être toléré;

2° Le travail doit s'effectuer dans des conditions d'éclairage et de température satisfaisantes et appropriées à la situation;

3° Les dispositions dont l'efficacité a été reconnue par l'expérience technique et qui conviennent à la nature du travail, doivent être mises en œuvre pour empêcher la diffusion des poussières, des gaz et des vapeurs en quantité dangereuse pour la santé des ouvriers; les emplacements affectés au travail, les machines et les outils doivent être tenus dans un état constant de propreté.

§ 4. Des affiches indiquant les prescriptions d'hygiène et de sécurité à observer pendant le travail, seront apposées dans les fabriques partout où le besoin s'en fera sentir. Ces prescriptions doivent être approuvées comme il sera dit plus loin.

Les places particulièrement dangereuses doivent être pourvues d'écriteaux recommandant la prudence.

Article 3.

Les ouvriers doivent s'attacher à concourir à l'œuvre entreprise par la présente loi et se conformer dans ce but aux prescriptions et avertissements visés par l'article 2, paragraphe 4.

Article 4.

La présente loi ne s'applique ni aux entreprises qui se rattachent à l'exploitation des mines, ni à l'industrie du bâtiment. Les dispositions en vigueur ou à formuler à l'avenir relativement à ces entreprises, ainsi que les mesures de sécurité concernant l'emploi de certains outils et appareils ou l'application de certains modes de travail, ne sont pas atteintes par la présente loi.

Article 5.

Des hommes compétents, en nombre convenable, sont chargés de seconder de leurs conseils et de leurs avis les chefs d'industrie dans l'application des mesures de sécurité et d'hygiène. Ils doivent, en outre, veiller à l'observation de la loi et examiner les prescriptions visées par le paragraphe 4 de l'article 2. Ils porteront le nom d'inspecteurs de fabriques et seront nommés par le roi.

L'inspecteur de fabriques doit constamment rechercher les moyens d'assurer dans chaque cas particulier l'application de la loi sans qu'il en résulte pour le chef d'industrie des dépenses ou des difficultés excessives. Une ordonnance royale définira avec plus de précision le rôle de l'inspecteur.

L'inspecteur ne doit diriger, ni pour son compte, ni pour le compte d'autrui, une fabrique ou un autre établissement industriel; il ne doit point prendre part à la conduite d'une telle entreprise; il ne doit pas y occuper un emploi.

Les agents de l'hygiène, les fonctionnaires municipaux ainsi que les médecins provinciaux, municipaux ou régionaux doivent prêter à l'inspecteur le concours dont il peut avoir besoin dans l'exercice de ses fonctions. Il a le droit de requérir l'action de la police, toutes les fois qu'elle est nécessaire à l'exécution de son mandat.

Article 6.

L'inspecteur a le droit d'entrer dans les fabriques, ateliers et autres locaux affectés au travail, pendant la durée du travail et après avoir prévenu le chef d'industrie ou la direction de l'établissement. Il a de plus le droit de procéder aux enquêtes auxquelles ses fonctions peuvent donner lieu.

Toutefois, dans l'intérêt des secrets de fabrication, certaines parties des fabriques, ateliers et autres locaux affectés au travail peuvent être dispensées de l'inspection. Si la requête adressée à cet effet par le chef de l'entreprise n'est pas agréée par l'inspecteur, appel peut être interjeté devant le gouvernement provincial.

Article 7.

Quiconque a exercé ou exerce encore les fonctions d'inspecteur, est tenu au secret professionnel. Si l'inspecteur commet une indiscrétion et s'il n'est pas établi qu'il a eu connaissance des faits divulgués à une époque où il ne remplissait pas une fonction de ce genre, il est passible d'une amende de 50 à 1.000 couronnes. Si son indiscrétion a été inspirée par l'intention de nuire ou par le désir d'en tirer profit pour lui-même ou pour autrui, il peut être condamné à un emprisonnement d'une durée de un mois à deux ans, à moins qu'il n'encoure, en vertu du droit commun, une pénalité plus grave.

Si, dans la première hypothèse, l'inspecteur a causé quelque dommage par son indiscrétion, il est, en outre, tenu de le réparer intégralement.

Article 8.

Sur l'avis de l'inspecteur et, en général, en cas de besoin, le gouvernement provincial a le droit de mettre en demeure le chef d'industrie préalablement entendu, de se conformer dans un délai déterminé, s'il veut continuer son exploitation, aux prescriptions de l'article 2; sinon, indépendamment de la peine qui le frappe, l'installation sera exécutée d'office à ses frais.

Si les industriels de la région se sont associés pour nommer une commission chargée d'approuver les mesures de sécurité et d'hygiène, le gouvernement provincial, avant de statuer, doit, si l'industriel le demande, permettre à cette commission de donner son avis sur la question.

En cas de péril imminent, le gouvernement provincial peut interdire la continuation du travail en général ou l'entrée de certains ateliers ou l'usage de certaines machines ou transmissions, tant que la mesure prescrite n'a pas été appliquée. L'interdiction subsiste jusqu'à ce que le roi ait statué favorablement sur le recours élevé devant lui.

Article 9.

Les chefs d'industrie qui ne se conforment pas aux interdictions ou aux prescriptions formulées dans l'article 8, sont punis d'une amende de 10 à 100 couronnes.

Article 10.

Le ministère public peut prendre l'initiative de poursuites pour infractions prévues à l'article 9. Il est en outre obligé d'intenter des poursuites à la requête des inspecteurs.

Article 11.

Les dispositions du chapitre 17, § II, de l'ordonnance de procédure relatives aux fonctionnaires enquêteurs des tribunaux et des gouvernements provinciaux s'appliquent à l'inspecteur de fabriques.

Article 12.

Les infractions à la présente loi commises par les chefs d'industrie sont poursuivies devant le tribunal de police, ou, à son défaut, devant l'employé de police, ou, à défaut d'un tel employé, devant les tribunaux ordinaires. Le droit d'appel est réglé comme en matière pénale.

Les amendes infligées en exécution de cette loi sont versées à la caisse de l'Etat.

En cas d'indigence des condamnés, les amendes sont converties en emprisonnement simple conformément aux principes de droit commun qui régissent cette conversion.

Cette loi entrera en vigueur le 1er juillet 1890.

Fait à Stockolm, le 10 mai 1889.

ANNEXE IV.

Loi russe des 24 avril-6 mai 1890 sur le travail des femmes et des enfants[1].

Article 1er.

A titre de supplément au Code de l'Industrie, sont formulées les dispositions suivantes :

§ 1. Tout en conservant la règle générale relative à la durée du travail des enfants, fixée par l'article 114 du Code de l'Industrie, les mineurs de 12 à 15 ans peuvent, en cas de besoin, être occupés, pendant six heures consécutives, dans les fabriques, les usines et les manufactures, à condition que la durée totale de leur travail pendant vingt-quatre heures, ne dépasse pas six heures. Les propriétaires des établissements industriels, dans lesquels le travail des mineurs s'exécutera de la sorte, devront en informer les agents de l'inspection.

§ 2. Par dérogation aux règles fixées par les articles 114 et 115 du Code de l'Industrie, les mineurs de 12 à 15 ans peuvent, dans les verreries, travailler pendant six heures durant la nuit, à condition que le lendemain ils ne soient admis au travail qu'après un repos de douze heures.

§ 3. L'inspecteur en chef a le droit d'autoriser, sur la proposition du sous-inspecteur, les mineurs de 12 à 15 ans à travailler les dimanches et jours fériés.

§ 4. Les adolescents de 15 à 17 ans et les femmes ne peuvent travailler de 9 heures du soir à 5 heures du matin, dans les fabriques de toile et de lainage ni dans les filatures de lin ou de tissus mélangés.

Le ministre des Finances, d'accord avec le ministre de l'Intérieur, a le droit d'étendre cette interdiction à d'autres établissements, en prévenant les industriels avant l'époque à laquelle ils engagent d'ordinaire les ouvriers.

§ 5. Dans les cas exceptionnels (par exemple après une interruption prolongée du travail motivée par un accident, ou bien en cas d'abondance des commandes à l'approche des foires), les chambres de commerce (d'inspection), ou à leur défaut, les gouverneurs, ont le droit d'autoriser les adolescents de 15 à 17 ans et les femmes, à travailler pendant la nuit dans les établissements industriels auxquels s'applique l'interdiction du travail nocturne, à condition que le lendemain le travail ne reprenne pas avant midi. Cette autorisation peut être également accordée par les Chambres de commerce et les gouverneurs, dans le cas où les adolescents et les femmes travaillent avec le père de famille.

§ 6. Dans les établissements industriels où le travail a une durée ininterrompue de dix-huit heures, répartie entre deux séries successives d'ouvriers, les règles relatives au travail des mineurs, des adolescents et des femmes sont modifiées de la manière suivante :

a) Les mineurs de 12 à 15 ans peuvent travailler pendant 9 heures par jour, pourvu qu'aucune période de travail ne dépasse quatre heures et demie;

b) La partie de la nuit pendant laquelle les mineurs de 12 à 15 ans, les ado-

[1] Nous devons le texte de cette loi à l'obligeance de M. de Keppen, ingénieur des mines russe, qui a bien voulu la traduire, sur la demande de M. Gruner, secrétaire général du Congrès des accidents.

lescents de 15 à 17 ans et les femmes ne doivent pas être occupés, est comprise entre 10 heures du soir et 4 heures du matin.

Article 2.

L'article 1404 du Code des peines criminelles et correctionnelles est modifié comme suit :

« Les administrateurs (propriétaires et gérants) des usines, fabriques, manufactures et ateliers de famille qui ne se seront point conformés aux prescriptions de la loi et des ordonnances relatives au travail des mineurs, des adolescents et des femmes dans lesdits établissements, seront passibles d'un emprisonnement dont la durée peut atteindre un mois, ou d'une amende qui peut s'élever jusqu'à cent roubles. »

Article 3.

Le ministre des Finances, d'accord avec le ministre de l'Intérieur, a le droit :

1° De permettre le travail pendant le jour dans les fabriques, usines et manufactures, aux mineurs de 10 à 12 ans qui y sont déjà employés, mais, à partir de la promulgation de la présente loi, les mineurs au-dessous de 12 ans ne doivent pas y être admis;

2° D'étendre, en cas de besoin, à titre provisoire, pendant trois ans, à d'autres établissements, les règlements relatifs au travail et à l'instruction scolaire des mineurs, qui sont contenus dans les articles 112 à 126 du Code de l'Industrie et dans l'article 1er de la présente loi;

3° A l'expiration du délai de trois ans défini dans l'alinéa qui précède, de proposer au Conseil de l'Empire d'assujettir définitivement les ateliers de famille à la réglementation industrielle et scolaire des mineurs qui travaillent dans les usines, fabriques et manufactures.

Article 4.

Les dispositions de l'article 1er et des alinéas 2 et 3 de l'article 3 de la présente loi entreront en vigueur le 13 octobre 1890 et celles de l'article 2, ainsi que le premier alinéa de l'article 3, seront appliquées, comme d'ordinaire, à dater du jour de leur promulgation.

TABLE DES MATIÈRES.

Ire Partie. — *Réglementation du travail des ouvriers en général.*

IIe Partie. — *Réglementation du travail des femmes et des enfants.*

Annexes.

BAR-LE-DUC, IMPRIMERIE CONTANT-LAGUERRE.

Suite de la liste des Membres du Comité.

MM. **Laporte**, Inspecteur divisionnaire du travail dans l'industrie, à Paris.

Léturgeon, Président de la Chambre syndicale de Maçonnerie.

Liébaut, Prés. hon. de la Chamb. synd. des Mécaniciens, Chaudronniers et Fondeurs.

Lyon-Caen, Professeur à l'École de Droit.

Marestaing, Directeur de la Société d'assurances *La Préservatrice.*

Dr **Martin**, Secrétaire général adjt de la Société d'Hygiène et de Médecine pratique.

J. **Meyrueis**, Industriel, Délégué du Comité central des Chambres syndicales (Union des Syndicats professionnels).

Dr **Napias**, Secrétaire général de la Société d'Hygiène et de Médecine pratique.

Olry, Ingr en chef des Mines, Rapporteur de la Com. centrale des machines à vapeur.

Périssé, Président de l'Assoc. des Industriels de France contre les accidents du travail.

Pinget, Secrétaire du Comité des Forges.

Baron **Reille**, Député, Président de la Société des Mines de Carmaux, de la Société des Forges et Fonderies d'Alais et du Comité des Forges.

Reymond, (Francisque), Sénateur, ancien Président de la Société des Ingénieurs civils.

Eugène **Rostand**, Président de la Caisse d'Epargne et de Prévoyance des Bouches-du-Rhône.

H. **Schneider**, du Creusot, député, vice-président du Comité des Forges.

F. **Veyssier**, Délégué de l'Union des Chambres syndicales ouvrières de France.

MEMBRES ÉTRANGERS.

Alsace. — M. **Bodenheimer**, ancien Conseiller d'Etat, en Suisse; Publiciste.

= M. A. **Dollfus**, Président de la Société Industrielle de Mulhouse.

Angleterre. — M. Alfred Edward **Bateman**, Chef du département commercial au Board of Trade, Secrétaire honoraire de la Société royale de Statistique de Londres.

Autriche-Hongrie. { M. Joseph **Korösi**, Dr du Bureau de Statistique de la ville de Buda-Pest.
M. **Schüler**, de la Chambre des Seigneurs, Directeur général des Chemins de fer du Sud de l'Autriche.

Belgique. — M. Ch. **Dejace**, Professeur à l'Université de Liège, Président de la Société belge d'Économie sociale.

= M. Montefiore **Lévi**, Sénateur, Vice-Président de la Commission du Travail.

= M. **Morisseaux**, Directeur de l'Industrie au Ministère de l'Industrie, etc.

Danemark. — M. Marius **Gad**, Chef du Bureau de Statistique du royaume.

Espagne. — M. Segismundo **Moret**, ancien Ministre.

Etats-Unis. — M. Carroll Davidson **Wright**, Commissioner U. S. Department of Labor.

= M. le Général Amasa Francis **Walker**, Président de l'Association américaine de Statistique, membre de l'Institut international de Statistique.

= M. **Somerville Pinkney Tuck**, Counsellor at law, ancien Commissaire général des Etats-Unis à l'Exposition de 1889.

Hollande. — M. **Westeroüen van Meeteren**, Président de l'Association Néerlandaise pour prévenir les accidents du travail.

= M. **Mulden**, Docteur en droit, Avocat-Avoué près la Haute-Cour de Justice.

Italie. — M. Luigi **Bodio**, Directeur général de la Statistique, Secrétaire général de l'Institut international de Statistique.

= M. L. **Luzzatti**, Député, Professeur à l'Université de Padoue.

= M. **Annoni**, Sénateur, Directeur de la Caisse nationale d'Epargne de Milan.

Luxembourg (Grand-Duché du). — M. Brasseur, Député, Bâtonnier de l'Ordre des Avocats.

République Argentine. { M. François **Latzina**, Directeur du Bureau de la Statistique de la République Argentine, membre de l'Institut international de Statistique.

Russie. — M. Arthur **Raffalovich**, agent du Ministère des Finances de Russie à Paris.

Suède. — M. le Dr Elis **Sidenbladh**, Directeur du Bureau central de Statistique membre de l'Institut international de Statistique.

Suisse. — M. Numa **Droz**, Conseiller fédéral, Chef du département fédéral des Affaires étrangères.

= M. le Dr **Kummer**, Directeur du Bureau fédéral des Assurances.

CONGRÈS INTERNATIONAL

DES

ACCIDENTS DU TRAVAIL

PROCÈS-VERBAUX DES SÉANCES ET VISITES rédigés sous la direction de E. *Gruner*, secrétaire général du Congrès, 1 volume grand in-8° de 56 pages, Imprimerie Nationale, 1890. Prix : 2 fr.

COMPTES-RENDUS DU CONGRÈS INTERNATIONAL DES ACCIDENTS.

Tome I. — *Rapports* présentés sur la demande du Comité d'Organisation, réunis et publiés par les soins de E. *Gruner*, secrétaire général du Congrès, 1 volume grand in-8° de 516 pages.

Tome II. — *Comptes-rendus complets* des séances des trois sections, réunis et publiés par les soins de E. *Gruner*, secrétaire général du Congrès, 1 volume gr. in-8° de 476 pages.

Prix des deux volumes : 15 fr., chez M. GRUNER, *secrétaire général du Congrès*, 37, boulevard Magenta, à Paris.

BULLETIN DU COMITÉ PERMANENT

CONDITIONS DE SOUSCRIPTION.

On obtient le titre de *Membre adhérent du Congrès des Accidents* par le versement d'une cotisation annuelle de **10** francs, en échange de laquelle sera envoyé le *Bulletin* et les autres publications du Comité permanent;

On obtient le titre de *Membre donateur* par le versement, en sus de sa cotisation, d'un don annuel d'au moins cinquante francs.

Les adhésions et versements doivent être adressés à
M. GRUNER, Secrétaire général et Trésorier du Comité permanent,
37, boulevard Magenta, PARIS.

Prix d'un numéro : 3 francs.

Le Bulletin paraît tous les trimestres et plus souvent s'il y a lieu.

BAR-LE-DUC, IMPRIMERIE CONTANT-LAGUERRE.

www.ingramcontent.com/pod-product-compliance
Ingram Content Group UK Ltd.
Pitfield, Milton Keynes, MK11 3LW, UK
UKHW020028100726
13658UKWH00003B/1183

9 782329 018973